미친 발상법

미친 발상법

지은이 김광희
펴낸이 임상진
펴낸곳 (주)넥서스

초판 1쇄 발행 2011년 11월 30일
초판 10쇄 발행 2017년 5월 25일

2판 1쇄 발행 2018년 6월 5일
2판 3쇄 발행 2019년 4월 22일

출판신고 1992년 4월 3일 제311-2002-2호
10880 경기도 파주시 지목로 5 (신촌동)
Tel (02)330-5500 Fax (02)330-5555

ISBN 979-11-6165-402-7 03320

www.nexusbook.com

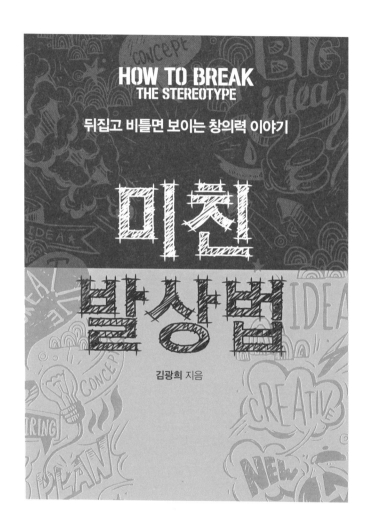

HOW TO BREAK
THE STEREOTYPE

뒤집고 비틀면 보이는 창의력 이야기

미친
발상법

김광희 지음

넥서스BIZ

첫머리부터 까다로운 질문이다.

"인간의 은밀한 신체 부위다. 그 가운데 가장 부드럽
다. 연인끼리 수시로 자극을 주고받는다. 외부 자극
엔 거침없이 반응한다. 흥분, 황홀, 희열 등. 이곳은
과연 어디일까?"

혀나 가슴, 입술을 떠올린 사람이 많을 거다. 모두 정답이 아니다. 그렇
다면 혹시 거시기? 미안하다. 이 역시 정답이 아니다. 19금과 관련된 걸로
짐작했다면 오해다. 정답은 1.5kg짜리 말랑말랑한 고깃덩
어리 '뇌(腦)'다.

뇌는 우리 신체 부위 중 가장 부드러운 기관이다. 왜 그럴까? 뇌의 주인
인 당신이 어떤 상황에서든 유연한 발상을 하라고!

뇌가 신체의 여타 세포와 다른 것은 각각의 신경세포가 수만 개의 다른

신경세포와 연결되어 있다는 사실이다. 그 신경세포들이 우리의 상상을 훌쩍 뛰어넘는 엄청난 양의 소통을 담당하고 있다. 이는 뇌 주인의 의지에 따라 얼마든 차고 넘치는 독창적 발상이 가능하다는 말이다.

그런 뇌가 차츰 굳는다는 건 애석하게도 한 인간의 죽음을 가리킨다. 마찬가지로 유연한 발상이 딱딱한 고정관념으로 굳어간다는 건 영혼의 죽음을 의미한다. 하루하루 굳어가는 뇌를 원래대로 부드럽게 바꿔주는 게 이 책의 가장 큰 책무다.

《의도적 눈감기(Wilful Blindness)》의 저자 마거릿 헤퍼넌은 말한다.

"우리 뇌는 모든 정보를 공평하게 대하지 않는다. 고정관념에 들어맞는 정보는 선뜻 수용한다. 편안하기 때문이다. 그렇지 않은 정보는 무시하고 배척한다."

뇌는 그냥 두면 항상 편안하고 자기합리화를 하는 쪽으로만 치우친다. 그렇기에 평소 뇌를 불편하게 만들고, 어느 시점에서 그것을 화해시킬 때 비로소 창의적 발상과 가까워질 수 있다.

누군가는 인간이 얼마나 생각하는 것을 싫어하는지 이렇게 비꼰다.

"사람은 공기 없이도 몇 분 동안은 살 수 있고, 물 없이도 약 2주 동안은 살 수 있고, 음식 없이도 2개월

동안은 살 수 있으며, 새로운 생각 없이도 몇 년 동안은 살 수 있다."

기본적으로 인간의 뇌는 에너지를 최대한 절약하려는 자세를 취한다. 불필요한 경우나 평범한 자극엔 꼼짝도 하지 않는다. 생존법의 하나다. 오죽했으면, 아프리카 오지나 시베리아 설원보다 개발이 더딘 곳을 뇌라고 했겠는가. 움직임을 끌어내려면 그럴 수밖에 없는 상황으로 자신(뇌)을 내모는 게 최상이다. 발상 전환 역시 마찬가지다. 필요성과 간절함을 느껴야 게으른 뇌가 기지개를 켠다.

"이거 다른 회사에서도 합니까?"
"네, A사는 시작했고, B사는 준비 중이라고 합니다."
"그럼 우리는 하지 맙시다."

잘나가는 개인과 조직엔 그에 합당하는 이유가 있는 법! 다른 사람이 모두 오른쪽으로 가면 당신은 왼쪽으로 가야 한다. 처음에야 힘들겠지만 그런 선택도 할 줄 알아야 당신의 존재 가치도, 미래 경쟁력도 보장받을 수 있다.

여기서 중요한 건 발상 전환에 반드시 실천이 동반돼야 한다는 사실이다. 발상 전환이란, 똑같은 사물과 현상을 다른 사람들과 같이 보면서도 뭔가 다른 것을 보고 전혀 색다른 것을 떠올리는 것이다.

일본화약의 초대 사장 하라 야스사부로(原安三郎)는 이렇게 충고한다.

"새로운 일을 시작하기 위해 회의를 열면 60~70%의 참가자가 찬성하는 안건이 있다. 하지만 이런 안건은 경쟁사가 이미 추진 중이거나 준비하는 안건일 수 있어 대부분 채택하지 않는다. 안건이 낯설지 않다는 것은 다른 사람도 이미 생각했다는 증거다. 반면, 반대하기도 어렵지만 찬성할 근거도 없어 모두 갸웃거리며 잘 모르겠다는 안건이 있다. 이런 안건은 긍정적으로 검토할 여지가 있다."

"뭔 뜬금없이 발상 전환은?"

물론 이렇게 반응하는 사람도 있을 수 있다.

'발상 전환? 솔직히 여기저기에서 발상 전환이니 창의력이니 떠들어 대지만 실무에 도움되는 경우가 있기는 해? 괜히 시간 낭비하는 거 아니야?'

현장에서 한번 부딪혀봐라. 당장 필요한 것은 빠르고 정확한 일 처리 능력과 윗사람의 비위 잘 맞춰주는 능력이다. 간혹 공공 프로젝트라도 진행할 상황에 놓이면 갑(甲)과 정부가 좋아할 단어, 즉 '창의력 ○○, 창의적 ○○, ○○ 창조'와 같은 단어를 보고서 곳곳에 잘 박아두는 게 창의적 발상(?)이다. 외면하고 싶지만 이런 푸념과 불편한 진실이 우리 사회에 드리워져 있다.

'창의력 ○○'라는 단어가 나온 김에 덧붙인다. 앤 멀케이(Anne Mulcahy) 전 회장은 파산 일보 직전의 수렁에서 제록스(Xerox)를 건져 냈다. 그녀는 취임 초기에 일면식도 없던 투자의 귀재 워런 버핏을 찾아가 조언을 구했다. 버핏의 말은 단순 명쾌했다.

> "외부 전문가보다 고객과 직원의 의견을
> 최우선 순위에 두어라."

창의력에 대한 접근도 그래야 한다. 해외 유명 연구소니, 석학이니 하는 사람들의 입만 쳐다볼 게 아니라, 우리 실정에 맞고 실체가 분명하며 최종적으로 창의적 해법과 가시적 성과로 연결될 수 있을지 따져봐야 한다.

비단 창의력만이 아니다. 해외 전문가의 말 한마디에 일희일비하는 해괴한 장면이 더 이상 이 땅에서 연출되지 않아야 한다. '우물 안의 개구리'라 조롱하기보나 적어도 우물 안 일이라면 개구리가 가장 잘 알지 않겠냐는 발상 전환이 요구된다.

발상 전환이 필요한 까닭

어떤 난제와 직면했을 때 그 과제를 인식하고 해결하기까지 이뤄지는 정신적 과정을 '발상'이라 칭하는데, 그런 발상을 거꾸로 뒤집고 비틀어 누구도 떠올리지 못한 독창적이고 유용한 해법(아이디어)을 찾는 게 발상 전환의 소임이다.

문명이란, 무기(武器)를 악기(樂器)로 만들어가는 과정이라 했다. 인류가 돌도끼 대신 두뇌로 시시비비를 가리면서 야만과 이성의 경계는 분명해졌다. 발상 전환은 고정(固定) 관념을 이동(移動) 관념으로 바꿔나가는 가장 이성적인 과정이다.

우리 사회에 '발상 전환'이란 구호가 회자된 지 오래다. 그 능력은 개인에겐 진학과 취업, 나아가 차별성과 경쟁력을 갖추는 강력한 무기일 수도, 조직의 경우엔 신제품 개발과 마케팅, 인사, 원가절감, 생산성 등에 걸친 기획과 전략 입안을 위해서일 수도 있다.

발상 전환은 구호가 아니라 실천이다. 하지만 이를 실천으로 옮겨야 할 상황에서 모두 혼란스러움을 느낀다. 또한 실천으로 옮겨가는 과정에도 전례는 어떠했으며, 다른 사람(조직)은 어떻게 대응했는지 곁눈질하기 바쁜 게 우리 현실이다.

발상 전환과 관련된 도서가 국내에 다수 출간돼 있으나 그 노하우를 습득하는 것은 결코 녹록한 일이 아니다. 악기 연주나 작곡, 그림, 조각 등과 같은 창작 활동 노하우를 순수하게 책으로만 익힌다고 생각해보면 쉽게 납득된다.

발상 전환 능력은 어떻게 길러질까?

항시 'ROK'를 모토로 삼는다. 대한민국(Republic of Korea)의 약자를 지칭하는 게 아니다. 리프레이밍(Reframing)의 알파벳 첫 글자 R, 관찰 (Observation)의 O, 지식(Knowledge)의 K를 가리킨다.

발상 전환 = ROK

R : Reframing (리프레이밍)
O : Observation (관찰)
K : Knowledge (지식)

즉 발상 전환이라는 길을 가려면 언제나 리프레이밍 습관을 가져야 하고, 어떤 사건이나 사물에 대한 호기심(의식) 어린 관찰이 필요하며, 그런 두 요소를 뒷받침해줄 넓고 깊고 다양한 지식 축적이 필수다.

고백하건대 진정으로 발상 전환을 꿈꾼다면, 앞처럼 공식이니 형식이니 하는 것으로 규정하는 것은 바람직하지 않다. 그럼에도 ROK을 언급하는 건 발상 전환에 대한 최소한의 힌트 제공을 목적으로 한 것이니 널리 혜량을 구한다.

그렇다면 발상 전환과 창의력은 어떻게 다를까? 글자는 다를지언정 발상 전환과 창의력은 떼려야 뗄 수 없는 밀접한 관계다. 발상 전환이 이뤄져야 창의적 사고가 가능하고, 그런 창의적 사고를 하자면 발상 전환과 그 능력이 요구된다. 그런 측면에서 양자는 물고 물리며 영향을 주고받는 연쇄(連鎖) 관계이자 순환(循環) 관계에 있다.

이 책은 세 파트로 구성되어 있다. 하지만 순서를 무시하고 눈 가는 대로 그냥 읽어도 무방하다.

Part 1에서는 우리가 몰랐던 생활 속의 창의적 발상 사례, 뇌의 부드러움을 저울질하는 흥미진진한 퀴즈 등 비교적 가볍고 부담 없는 주제를 다뤘다. 말미에는 ROK, 즉 리프레이밍과 관찰, 지식에 대한 묵직한 설명도 이어진다.

Part 2에서는 기업 로고의 비밀과 발상 전환에 힌트가 될 광고를 비롯해 국내외 발상 사례, 필자의 개인적 경험, 아인슈타인이라는 발상 대가의 숨겨진 이야기 등을 담았다.

마지막 Part 3에서는 어린아이의 마음(동심)과 수평적 사고를 시작으로 발상 기법, 모순의 가치와 의미, 다빈치 기법, 지속성의 중요성 등을 거론했다. 부디 독자들의 발상 전환에 많은 도움이 되었으면 한다.

끝으로 책이 출간되기까지 노심초사한 넥서스 출판사 임직원 여러분에게 감사의 인사를 드린다. Many thanks.

김광희

CREATIVE THINKING

PART 2
일상에서
접하는
발상 전환

PART 3
발상 전환 기법

CREATIVE THINKING

 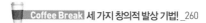

PART

1

발상
전환이란?

'토끼와 거북이', 누구나 잘 알고 있는 얘기다.

알다시피 거북이가 토끼를 이긴 건 토끼의 낮잠 때문이었다.

그렇다면 거북이가 토끼를 이길 수 있는 또 다른 방법은 없을까?

하나, 산이 아니라 바다에서 경주한다.

둘, 평생 달리기 경주를 한다. 거북이의 수명이 더 길기 때문에 이길 수밖에 없다.

셋, 내려오기 경주를 한다. 토끼는 뒷다리가 길어 내려오는 것이 힘들지만,

거북이는 떼굴떼굴 굴러 내려올 수 있다.

넷, 결승점을 집으로 정한다. 거북이의 집은 자신의 등껍질이다.

다섯, 달리기의 출발 시점을 10년 후로 한다. 10년 후면 토끼는 이 세상에 없다.

대한민국의
기괴한
운명

01

지도를 보라.
대한민국은 중국과 일본 사이에 떠 있는 섬이다.
육로인 북쪽은 70년이 넘게 철조망으로 가로막혀 있다.
우리에게 허용되는 유일한 통로는 바다뿐이다.

이 땅의 모습,
실로 기괴하지 않은가!

지도에 **한반도**는 **없다?**

반도: 삼면이 바다로 둘러싸이고 한 면은 육지에 이어진 땅
섬: 주위가 수역으로 완전히 둘러싸인 육지의 일부

반도와 섬의 사전적 정의다.

섬나라 대한민국!

"대한민국은 반도인가? 아니면 섬인가?"

웬 뜬금없는 질문이냐고? 일본이 문명개화에 눈뜨던 시절, 그들은 'Peninsula'라는 단어를 '절반만 섬'이라는 뜻의 '반도(半島)'라 번역했다. 일본은 지금도 남북한을 '조선 반도' 또는 간혹 격이 떨어지는 '반도'라 칭한다. 그렇기에 우리 스스로 '반도'라는 용어를 사용하는 건 탐탁치 않을뿐더러 적절하지도 않다.

우리나라는 대륙에서 삐죽 돌출된 나라(peninsula)가 아닌 3,400여 개의 꽤 많은 부속 섬을 가지고 있는 '섬나라'다. 그 호칭도 '한반도(韓半島)'가 아니라 '한도(韓島)'라 하는 게 옳을지도 모른다.

무슨 그런 폄훼성 발언이냐고? 헌법 제3조에 "대한민국의 영토는 한반

도와 그 부속 도서로 한다"고 명시되어 있으니 공분을 살 만도 하다. 잠시 흥분을 가라앉히고 다음 이야기에 주목해보자. 분명 이런 뉴스를 한번쯤 접해보았을 거다.

▶▶ 추석 연휴를 맞아 인천국제공항 출국장 게이트는 해외로 떠나는 여행객들로 북새통을 이루고 있다. 인천국제공항 출입국 관리소에 따르면, 10월 1일 인천국제공항을 통해 출국한 사람은 총 11만 5,000여 명이었다. 이는 개항 이래 일간 집계로는 역대 최고치다. 항공사 예약률은 95%를 상회하고, 하루 공항 이용객이 10만 명을 넘어서면서 출국 수속이 지연되기도 했다.

'그리 특별한 뉴스도 아닌데 뭘!'이라는 생각이 들었는가? 그럼 혹시 이런 뉴스를 접해본 적이 있는가?

▶▶ 추석 연휴를 맞아 서울역 구내는 해외로 떠나는 여행객들로 북새통을 이루고 있다. 서울역 관리소에 따르면, 2017년 10월 1일 서울역을 통해 출국한 사람은 총 11만 5,000여 명이었다. 이는 서울역이 세워진 이래 일간 집계로는 역대 최고치다. 열차 예약률은 90%를 상회하고, 하루 서울역 이용객이 10만 명을 넘어서면서 출국 수속이 지연되기도 했다.

이게 무슨 터무니없고 뚱딴지같은 소리야!

'해외에 나가는 데 서울역?'
'출국하는 데 기차를 탄다고?'
'귀신 씻나락 까먹는 소리 하고 있네!'

그렇다. 말도 안 되는 뉴스다. 이건 물론 가상 뉴스다. 적어도 현재 시점에서는 열차로 외국을 갈 수 없다. 이런 논리는 '섬나라'일 경우에만 해당된다. 섬나라가 아니라면 자동차나 버스, 열차를 이용해 얼마든 가까운 외국으로 떠날 수 있다. 상황이 허락된다면 걸어서 갈 수도 있다. 굳이 멀리서 사례를 찾을 필요도 없다.

생전 고소공포증에 시달렸던 북한의 김정일은 전용기가 있었음에도 늘 특별열차를 이용해 중국과 러시아의 국경을 넘나들었다. 그 아들 김정은도 그랬다. 그게 가능했던 건 북한이 대륙과 접해 있어서다.

이탈리아는 유럽의 알프스산맥에서 지중해 쪽으로 길게 뻗은 장화 모양을 하고 있다. 이탈리아의 수도 로마에서 동유럽 체코의 프라하를 방문할 때 굳이 비행기가 아니더라도 자동차나 버스를 이용해 얼마든 갈 수 있다. 대한민국이 진정 반도라면 해외여행을 떠날 때 딱히 공항으로만 몰릴 하등의 이유가 없다.

자, 다시 한 번 묻겠다.

"대한민국은 반도인가? 아니면 섬인가?"

우리가 한반도라 칭하는 이 땅! 이곳에서 벗어나려면 어떻게 해야 할까? 육로가 아닌 바다를 건너야 한다. 바다는 우리나라와 세계를 연결하는 유일한 통로다. 우리가 세계로 나아가는 교통수단은 딱 두 가지, 비행기와 배뿐이다. 많은 사람이 '섬나라 근성을 가진 나라'라고 운운하며 폄하하는 일본과 딱히 다를 게 없다.

우리가 걷거나 자동차, 버스, 열차 등을 이용해 대륙으로 나아갈 수 있는 단 하나의 길은 철조망으로 가로막혀 있다. 일찍이 고조선에서 조선시대에 이르기까지, 심지어는 주권을 잃은 일제강점기 때도 대륙으로 나아가는 육로는 늘 열려 있었다. 그랬던 것이 정부 수립과 함께 허리가 싹둑 잘려 70년이 넘도록 섬나라로 살아왔다. 진정 반도 국가라면 육로를 통해 세계로 성큼성큼 나아갈 수 있어야 한다. 참으로 원통하고 뼈아픈 현실이다.

더 큰 문제는 5천만 국민이 해외에 나가면서 비행기를 이용하는 것에 그 어떤 의문도 갖지 않는다는 사실이다. 그게 당연하다는 듯 무감각해져 있다. 남북 분단이라는 아린 현실보다 그런 무감각이 우릴 더욱 두렵게 만든다.

'해외여행'을 떠올리면서, '항공권 예약', '리무진', '비행 시간' 따위가 아닌 '도로 상황'이나 '차편 예약', '도보 여행'을 먼저 떠올릴 날을 목 놓아 고대한다.

한국이 동쪽 끝에 있는 사연!

일제강점기의 독립운동가요, 정치가였던 김규식(金奎植). 그가 1921년 모스크바에서 열린 극동인민회의에 참석해 한반도의 지정학적 중요성을 강조하며 발표한 논문 '아시아 혁명운동과 제국주의'의 일부다.

▶▶ 한국은 극동아시아 문제의 핵심이다. 그러므로 러시아, 중국, 일본의 누가 관련되어 있든 한국 문제가 올바르게 해결되지 않는다면 극동아시아 전체 상황은 혼란 속에 있을 것이다.

당시 한국은 이미 '극동아시아'의 일원이라는 개념이 우리 사회에 존재했음을 엿볼 수 있는 대목이다.

　현재도 우리나라에서 '극동(極東, far east)'이라는 단어가 대학에서 기업(극동대학교, 극동문제연구소, 극동방송, 극동건설, 극동교회 등)에 이르기까지 널리 사용되고 있다.

　그런데 뭔가 이상하지 않은가? 우리나라가 극동, 즉 동쪽 끝이라니? 국내 그 어디에 걸린 세계지도를 보더라도 우리나라가 분명 세계의 중심인데 말이다. 그렇다면 대체 어디가 세계의 중심이란 말인가?

　알다시피 유럽은 다른 대륙보다 한발 앞서 산업혁명을 경험하면서 국력을 축적했다. 그러는 동안 모든 것을 자국(유럽) 대륙 중심으로 사고하고 판단하다 보니 극동이니 중동이니 하는 명칭들이 생겨났다.

　유럽에서는 동방을 근동(near east)과 극동(far east)으로 나누어 분류했다. 그러다 19세기 식민지 획득 과정 중 영국은 중동(middle east)이라는 개념까지 탄생시켰다. 근동은 발칸반도에서 터키, 이집트에 걸친 지중해 동부 지역이고, 중동은 아라비아반도에서 아프가니스탄, 파키스탄, 인도, 신장위구르자치구, 티베트자치구, 중국 청해(靑海)성에 걸친 지역이며, 극동은 중국 사천(四川)성에서 동부 시베리아, 대만, 몽골, 한반도, 일본에 이르는 지역을 말한다. 흔히 극동아시아 삼국이라고 하면 한국과 중국, 일본을 가리킨다. 하지만 엄밀한 정의는 없다.

지구는 둥글다. 갈릴레오 이래 그 주장이 틀렸다고 지적하는 사람은 없다. 그게 진리니까! 그럼에도 둥근 지구를 보고 "여기가 중심이다", "저기가 중심이다" 하고 운운하는 건 철저히 고정관념에 근거한 단견일 뿐이다.

하기야 이웃 나라 중국도 자기네가 세상의 중심이라 일컫지 않는가. 오죽하면 나라 이름도 '중화민국(中華民國)'이다. 굳이 말하면 아시아의 지리적 중심은 태국쯤 된다. 아시아 지도를 펼쳐보라.

앞서 말했듯 우리나라는 사실상 섬나라다. 이제는 섬나라로서의 운명과 한계를 뛰어넘어야 한다. 좁은 나라에서 아웅다웅하는 이분법에 매몰되지 말고, 더 넓은 세계로 쭉쭉 뻗어 나가야 국가 경제도, 사회 인식도 활짝 트이는 법이다. 이는 우리가 꼭 마주해야 할 필연이다.

만약 땅덩어리 크기에서 밀린다면 발상의 크기로 극복하면 된다. 명심하라. 대한민국의 저력은 팔다리가 아닌 늘 머리에서 나왔다는 사실을!

만약
땅덩어리 크기에서
밀린다면
발상의 크기로
승부하라!

핑크빛 손잡이,
사랑을
부르다

02

교토의 에이잔 전철!
22개 차량의 천장에 매달린 손잡이는
모두 1,028개다.
이 중 **한 개**의 손잡이가
핑크색의 하트 모양이다.

"우연한 만남을
소중히 여겨라."

이를 위해 그 손잡이가 달린 차량과 위치는 매번 바뀐다.
새로운 위치는 담당자만 아는 비밀이다.

색이 들리고
소리가 보인다면?

아침에 결코 먹을 수 없는 것은? '점심 식사와 저녁 식사'
이혼의 주요 원인은? '결혼'

브레인 티저, 천재를 바보로 만들다!

"당신의 뇌는 말랑말랑한가?"

요즘 들어 각종 시험(면접)에서 응시자들이 가진 창의적 사고와 발상 전환 능력을 파악하고자 기상천외한 질문이 던져진다. 이른바 대답하기가 곤란한 브레인 티저(brain-teasers) 혹은 그와 유사한 문제(수평적 사고, 페르미 추정 등)가 출제돼 응시자를 당혹스럽게 만든다. 그 결과, 0.1% 의 머리를 간혹 90%대로 끌어내리기도 한다.

필자 역시 독자들의 창의력과 발상 전환 지수를 엿보고자 몇 가지 질문을 던져보겠다. 이미 접해본 문제가 있을 수도 있다. 그런 질문엔 과거와 전혀 다른 독창적이고 창의적 답변을 기대한다.

학생: 작년 시험과 문제가 같아요. 그것도 완전히 똑같아요.

아인슈타인: 자네 말대로 작년 시험과 문제가 같네. 하지만 해가 바뀌었으니 답도 다를 것이라 생각하네.

접근하는 방법도, 발상을 하는 방법도 아인슈타인의 충고를 따랐으면 좋겠다. 한 가지 덧붙이면 세상의 모든 문제에는 두 가지 이상의 답이 존재한다. 단 두 가지 예외가 있긴 하다. 그 하나는 수학 문제이고, 다른 하나는 죽음이다.

궁금증을 해소하고자 답안부터 들춰보는 성급함은 자제했으면 한다. 중요한 것은 필자의 주관이 개입된 답안이 아니라, 당신만의 독창적이고 기발한 발상이다.

유쾌한 발상 전환!

1. 남은 김밥은 몇 줄?

부산에 사는 대학 졸업반 K는 서울 소재 대기업으로부터 면접을 보러 오라는 연락을 받았다. 어머니는 합격 기원의 간절한 마음을 담아 이른 새벽에 김밥 네 줄을 싸주셨다. K는 서울로 올라가는 기차에서 반을 먹고, 면접을 마친 뒤 부산으로 내려가는 기차에서 반을 먹었다. 이제 K에게 남은 김밥은 몇 줄일까?

2. 선물로 들어온 벽돌 한 장!

누군가 당신에게 벽돌 한 장을 선물로 주었다. '선물로 무슨 벽돌을…' 그렇게 투덜대지 말고 벽돌 한 장으로 할 수 있는 일 20가지 이상을 떠올려보라.

3. 도무지 믿기 어려운 일!

어느 날, 한 여자가 10번째 생일 파티를 성대하게 열었다. 바로 그날 오전, 20세가 된 그녀의 딸이 결혼식을 올렸다. 대체 이게 무슨 상황일까?

4. 누구의 말을 따라야 할까?

이틀 뒤면 부서 야유회를 떠난다. B 씨는 부서장 지시로 2주일 전부터 야유회를 도맡아 준비했다. 그는 당일 날씨가 맑다면 실외 잔디 구장을 빌려야 하고, 비가 내린다면 실내 체육관을 빌려야 했기에 일기예보를 신경 쓰지 않을 수 없었다. 두 군데 모두 예약했다간 한쪽으로부터 노쇼(No-Show)라는 비난을 피할 수 없다. 그는 평소에 친분이 있는 세 명의 예보관에게 날씨를 물어보기로 했다. 그들은 날씨를 알려주면서 이런 단서를 덧붙였다.

- 예보관 A: "내 예상은 70% 적중한다."
- 예보관 B: "내 예상은 50% 적중한다."
- 예보관 C: "내 예상은 20%밖에 적중하지 않는다."

자, 어느 예보관의 말을 믿고 야유회를 준비해야 할까?

5. 산수 능력을 묻는다!

A는 회사 일로 자동차를 몰고 대전에 출장을 다녀와야 했다. 그는 초보 운전자 딱지를 떼지 못한 상태라 평균 시속 60km로 운전해 대전까지 갔다. 업무를 마친 뒤에는 평균 시속 40km로 돌아왔다. 오늘 A가 운전한 자동차의 왕복(회사↔대전) 평균 시속은 몇 km일까?

6. 매우 클래식한 문제

성냥개비 다섯 개가 테이블 위에 놓여 있다. 이것을 사용해 원을 만들어보라. 단, 구부리거나 부러뜨려서는 안 된다.

7. 농부를 살릴 수 있는 방법은?

성실하고 효성이 지극했던 한 농부가 질이 나쁜 모리배들의 꼬임에 빠져 그만 살인을 저지르고 고을 수령 앞으로 끌려갔다. 농부의 성품을 잘 알고 있던 수령은 어떻게 해서든지 그를 살려주고 싶었다. 하지만 살인자는 이유 불문하고 사형에 처해야 한다는 나라 법 때문에 수령은 고민에 빠졌다. 오랜 고심 끝에 수령은 이런 판결을 내렸다.

"사형에 처한다. 다만, 죽는 방법은 네가 결정할 수 있다."

자, 당신이 농부라면 어떤 선택을 하겠는가?

8. 아주 쉬운 사칙연산?

당신의 더하기, 빼기, 곱하기, 나누기 능력을 시험해볼까 한다. 능력자로 인정받기 위해서는 아래에 주어진 12개의 문제를 1분 안에 모두 풀어야 한다. '+는 더하기, -는 곱하기, ×는 빼기, ÷는 나누기'를 의미한다. 자, 서둘러라!

$24 \div 3 =$	$8 + 8 =$	$19 - 3 =$	$6 \times 8 =$
$32 - 8 =$	$49 \div 7 =$	$6 + 19 =$	$26 - 8 =$
$9 \times 8 =$	$7 \times 9 =$	$16 + 8 =$	$44 \div 4 =$

9. 목적을 망각한다는 의미?

K 교수는 학회 참석을 위해 뉴욕행 비행기에 몸을 실었다. 장시간 비행에 따분함을 느낀 그는 동행한 조교에게 한 가지 제안을 했다.

"심심한데 게임이라도 할까? 번갈아 퀴즈를 내고 답을 하지 못하면 벌금을 내는 거야. 자네 벌금은 만 원, 내 벌금은 십만 원으로 하지."

"네, 알겠습니다. 교수님부터 시작하십시오."

"알겠네. 자, 문제! 서울에서 뉴욕까지의 거리는?"

조교는 입을 꾹 다문 채 만 원짜리 한 장을 K 교수에게 넘겼다. 그러자 교수는 씩 웃으며 이렇게 말했다.

"자네, 준비성이 좀 부족한 것 같아. 서울에서 뉴욕까지의 거리는 약 11,051km라네. 이제 자네 차례야."

"네, 그럼 문제 내겠습니다. 밥 먹을 땐 입이 하나, 화장실에선 입이 세 개인 것은 무엇일까요?"

답변에 시간 제한이 없었기 때문에 K 교수는 몇 시간 동안 머리를 감싸 쥐고 고민했다. 좀체 답이 떠오르지 않았다. 그런 와중에 곧 뉴욕 존 F. 케네디 공항에 착륙한다는 기내 방송이 들려왔다. K 교수는 씁쓸한 표정으로 조교에게 십만 원을 넘기며 물었다.

"내가 졌네, 졌어. 근데 정답이 뭔가?"

이에 조교는 아무 말도 하지 않고 지갑에서 만 원을 꺼내 K 교수에게 건넸다. 조교는 왜 이런 행동을 했을까? 그 이유를 설명해보라.

10. 당신의 최종 선택은?

골드러시(gold rush) 열풍이 붉던 시절, 강바닥과 계곡을 파면 금이 나온다고 알려져 일확천금을 꿈꾸던 많은 사람이 서부로 몰려들었다. 큰돈을 손에 넣을 수 있는 절호의 기회였다. 당신 역시 황금빛 미래를 꿈꾸며 서부로 달려갔다. 이제 어떻게 처신할 것인가. 다음 네 항목 가운데서 골라라.

① 다른 사람보다 먼저 금이 묻혀 있을 법한 장소로 간다.

② 다른 사람보다 더 많은 곳을 파 금을 찾는다.

③ 금을 찾아 얼마에 팔지 관련 정보를 수집한다.

④ 금을 찾으러 몰려든 사람들을 상대로 장사를 한다.

몇 번을 골랐는가? 그 이유는?

왔노라, 발상했노라, 전환했노라!

피카소, 발상 전환의 표본?

"안 하고 죽어도 좋은 일만 내일로 미뤄라."

입체파 화가 파블로 피카소(Pablo Picasso)의 말이다. 그는 자신의 말처럼 장르를 넘나들며 무수한 작품을 남겼다. 300여 점의 조각을 시작으로 1만 3,500여 점의 그림, 10만여 점의 판화, 3만 4000여 점의 삽화를 남겨 가장 많은 작품을 남긴 화가로 기네스북에 이름을 올렸다.

어느 날, 한 승객이 자신이 탄 열차에 피카소가 탑승한 것을 발견하고 그에게 다가가 따지듯 물었다.

"왜 실제 사물과 똑같이 그림을 그리지 않나요?"

사실 필자도 그의 작품을 보고 이런 생각을 한 적이 있다.

'이건 대체 뭘 그린 거지? 그냥 붓을 마구잡이로 휘두른 것 같아. 내 막내딸도 이것보다는 잘 그리겠다.'

승객의 질문에 잠시 당황한 피카소는 이내 냉정함을 되찾고 그에게 되물었다.

"그게 무슨 말입니까?"

그러자 승객이 지갑에서 아내 사진을 꺼내 들며 이렇게 말했다.

"이렇게 실물처럼 말입니다."

사진을 바라보던 피카소는 한마디 툭 던졌다.

"부인께서 아주 작고 넓적하게 생겼군요."

날로 먹기?

판원치옹의 《지낭의 즐거움》에 소개된 것으로, 미국의 대부호 투델라(Tudela)가 '맨손치기'로 대성한 얘기다.

투델라는 베네수엘라에서 자수성가한 엔지니어였다. 그는 석유 사업을 하고 싶었지만, 그쪽 업계와 통할 만한 인맥도 없거니와 사업 자금도 넉넉하지 못했다. 오랜 궁리 끝에 그는 우회적인 경영 방식을 취하기로 마음먹었다.

어느 날 그는 아르헨티나에서 2,000만 달러 상당의 부탄을 필요로 한다는 소식을 접했다. 그는 아르헨티나에는 쇠고기가 남아돈다는 사실을 잘 알고 있었다. 그로부터 며칠 후, 신문에서 스페인의 모 선박 회사가 선박 건조 주문이 없어 고전하고 있다는 기사를 읽었다. 이 세 가지 정보를 반복적으로 연구한 결과, 그의 머릿속에 석유 업계에 발을 들여놓을 수 있는 계획이 세워졌다. 그는 스페인으로 가 선박 회사 사장에게 이렇게 말했다.

"당신들이 나에게 2,000만 달러어치의 쇠고기를 사준다면 난 당신네 회사에 2,000만 달러에 달하는 선박을 주문할 것이오."

선박회사 사장은 매우 흔쾌히 그의 제안을 받아들였다. 투델라는 곧바로 한 석유 회사에 찾아가 이렇게 말했다.

"내가 당신들에게서 2,000만 달러어치의 부탄을 사려고 하는데, 조건이 하나 있소. 반드시 내가 지정한 스페인 회사의 배로 수송해야 한다는 것이오."

석유 회사 사장 역시 그의 제안을 흔쾌히 받아들였다. 그리하여 2,000만 달러어치의 부탄이 아르헨티나로 운송되었고 2,000만 달러어치의 쇠고기가 스페인으로 운송되었다.

투델라는 타고난 배짱과 면밀한 정보 분석이 뒷받침된 '맨손치기' 수법을 활용해 석유 운송 업계에 발을 들여놓았고, 드디어 자신의 꿈을 펼쳐나가게 되었다.

울산 미포만 해변 사진과 외국 조선소에서 빌린 유조선 설계도를 들고 선사(船社)를 찾아가 "우리 배를 사겠다고 서명해주면 그 계약서를 들고 은행에 가서 조선소 지을 돈을 빌리겠다"라고 한 정주영 회장의 기상천외한 발상은 투델라 얘기와 겹친다.

거짓말을 하지 못하는 사연?

수년 전 두산그룹이 내보낸 '사람이 미래다' 시리즈의 광고 카피다. 이는 의기소침한 사람들에게 많은 용기와 감동을 심어주었다. 어느 때보다 큰 울림을 주는 카피였다.

> 말주변이 부족한 사람이 아니라, 신중히 말하는 사람일 뿐입니다.
> 출발이 늦은 사람이 아니라, 준비를 더 충분히 한 사람일 뿐입니다.
> 누가 당신에게 부족함이 많다고 말하던가요.
> 부족한 점이 많다는 것은 그만큼 좋아질 점도 많다는 것입니다.

1993년에 정직함과 성실함으로 국민들을 감동시키며 캐나다 총리가 된 장 크레티앙 (Jean Chretien)은 그 후 3회 연속 총리로 선출되었다. 그는 태어날 때부터 한쪽 귀가 들리지 않았고 왼쪽 안면 근육이 마비되어 발음이 어눌했다.

그런 그가 총리 선거에 출마했을 때의 일이다. 그는 많은 사람 앞에서 이렇게 말했다.

"저는 선천적으로 언어장애를 가지고 있습니다. 그로 인해 오랜 시간 고통을 당했습니다. 여러분 앞에 서 있는 지금, 저의 언어장애 때문에 제 생각과 의지를 제대로 전하지 못할까 우려됩니다. 하지만 인내심을 가지고 제 말에 귀 기울여주십시오. 어눌한 발음이 아닌 그 속에 담긴 제 생각과 의지를 귀담아들어 주세요."

그 순간, 장 크레티앙을 반대하는 한 청중이 이렇게 외쳤다.

"총리가 되려는 사람에게 언어장애가 있다는 것은 매우 치명적인 결점입니다."

이에 많은 청중이 웅성거렸다. 그러자 장 크레티앙은 비록 어눌하지만 단호한 목소리로 이렇게 말했다.

"옳은 지적입니다. 저는 장애로 말을 잘하지 못합니다. 그래서 저는 거짓말도 하지 못합니다."

돈이 불필요한 이유?

몇 해 전, 글로벌 액션 스타 성룡(Jackie Chan)이 중국의 한 일간지와의 인터뷰에서 이렇게 말했다.

"생불대래 사불대거(生不帶來 死不帶去)."

이는 '사람이 아무것도 없이 태어난 것처럼 죽을 때도 빈손으로 가겠다'라는 의미다. 성룡은 인터뷰 서두에서 자신의 모든 재산 약 4,000억 원을 사회에 환원하겠다고 밝히며 이렇게 말하기도 했다.

"젊었을 때 돈이 생기면 갖고 싶었던 물건을 닥치는 대로 사들였다. 하지만 시간이 지나면서 창고에 쌓인 물건은 오히려 큰 짐만 되었다."

또한 그는 하나뿐인 아들에게 재산을 상속하지 않겠다고 말했다.

"아들에게 능력이 있으면 아버지의 돈은 필요하지 않을 것이고, 능력이 없다면 헛되이 탕진할 수 있으므로 상속이 불필요합니다."

닭이 안 된다면 오리를!

존 맥스웰의《사람은 무엇으로 성장하는가》에 소개된 이야기다.

닭을 기르는 농부가 있었다. 얄궂게도 봄만 되면 땅이 물에 잠겼다. 그래도 그는 농장을 포기하지 않았다. 물이 역류해 닭장이 물에 잠기면 그는 닭들을 높은 곳으로 대피시키느라 엄청나게 고생했다. 신속하게 대처하지 못해 수백 마리의 닭이 물에 빠져 죽기도 했다. 그러던 어느 해에 최악의 봄이 닥쳐 닭을 모조리 잃고 말았다. 그는 집으로 돌아와 아내에게 투덜거리며 말했다.

"망했어. 마른 땅을 살 돈이 있나, 땅을 팔 수가 있나. 눈앞이 캄캄해."

그러자 아내는 아무렇지 않게 대답했다.

"오리를 사면 되잖아."

실로 무릎을 치는 답변이요, 발상이다. 어쩌면 삶의 밑바닥에 서 있기에 가능한 발상인지도 모른다.

한국도 미국도 아닙니다.

미 국무부 외교관 최종 면접의 상황이다.

> 면접관: 자료를 보니 한국계 이민 2세인데, 맞습니까?
> 면접자: 네, 그렇습니다.
> 면접관: 만약 미국의 이익과 한국의 이익이 충돌한다면 당신은 어느 편에 서겠습니까?

여기서 묻는다. 당신이라면 어떻게 답할 것인가. 어떻게 대처해야 최종 관문을 무사히 통과할 수 있을까? 참으로 난감한 상황이 아닐 수 없다. 미국 시민임을 부정하기도, 한국계라는 정체성을 부인하기도 힘든 상황이다.

이때 면접자는 이렇게 답했다.

"정의(justice) 편에 서겠습니다."

만약 면접자가 "미국 편입니다"라고 답했다면, 너무 뻔한 답이라 평가절하됐을 테고, "한국 편입니다"라고 답했다면 국익을 대변하는 첨병(尖兵) 외교관으로서 흠결 있는 인물로 평가받았을 테다. 난처한 상황에서 정의 편에 서겠다니! 상대방의 허를 찌른 답이 아닐 수 없다. 어떻게 이런 절묘한 답을 할 수 있었을까. 바로 발상 전환 덕분이다.

여기에 더해 할리우드 영화를 보면, 미국은 언제나 악당들을 물리치고 세계 정의를 위해 피 흘리며 싸우는 국가로 등장한다. 그런 관점에서 보자면 그녀가 답한 '정의'는 은연중에 미국을 암시해 면접관들의 마음을 움직였는지도 모른다.

그렇다면 이런 대답은 어떨까?

"제 머리는 미국 편이지만, 가슴은 한국 편입니다.
다만 제 판단과 결정은 모두 머리에서 나옵니다."

신장 135cm
이하만
볼 수 있는
광고판

03

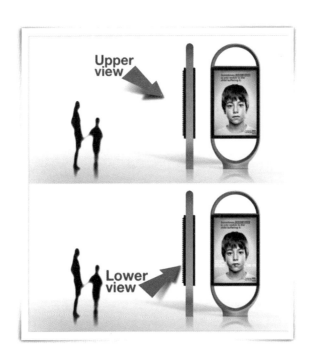

신장 135cm 이하의 아이에게만 보이는 핫라인 번호 광고판!
스페인의 아동학대 방지 단체 'ANAR Foundation'이 만든 옥외 광고다.
어른들의 시선에서 보면 그저 평범한 소년의 얼굴이지만
아이들의 시선에서 보면 볼이 벌겋게 멍들고
입술이 찢어진, 학대받은 얼굴이 드러난다.

눈높이가 달라지면 메시지도 달라진다.

프로의 발상!
아마추어의 발상!

프로와 아마추어를 가르는 발상의 차이 하나는

프로는 일정 기간 관망하는 반면
아마추어는 바로 눈앞의 상황만 본다는 거다.

야구공 실밥 터지는 소리!

따악~

야구공이 타자 방망이에 맞는 경쾌한 소리가 들려온다. 그때 한 외야수가 하늘 높이 솟구친 공을 보고 전력을 다해 뛰어가더니 마침내 육중한 몸을 허공에 날려 공을 잡아챈다. 그는 빠른 발과 놀라운 집중력으로 다이빙 캐치를 성공시켰다. 관중석에서 함성과 부잉(손가락 휘파람), 우레와 같은 박수 소리가 터져 나온다.

어떤가? 이 상황이 눈앞에 잘 그려지는가? 그렇지 않다면 평소에 즐겨 보던 야구의 최고 수비 장면을 떠올려 보라. 그런데 이때, 야구 해설위원이 이런 말을 내뱉는다면 어떨까?

"저 선수, 야구를 좀 힘들게 하는군요."

야구를 즐기고 있는 많은 사람에게 돌연 찬물을 끼얹는 멘트다. 몸을 사리지 않는 멋진 플레이를 펼친 선수에게 격찬을 보내도 부족할 판에 푸념을 쏟아내다니! 해설위원은 그 외야수의 플레이가 영 탐탁지 않았던 모양이다. 알고 보면 그 해설위원은 오랜 야구 선수와 감독으로서 산전수전을 모두 겪은 관록파다.

그렇다면 어째서 외야수의 수비가 문제라는 걸까? 선뜻 이해가 가질 않는다.

화제를 잠시 돌려보자. 필자는 평소 탁구를 즐겨 친다. 그 가운데 접하는 흔한 장면이다. 고수(高手)의 서브 차례다. 탁구공이 라켓을 떠나 오른쪽으로 휘면서 빠른 속도로 상대방 테이블로 넘어간다.

순간 당황한 상대편 선수는 공을 쫓다 그만 몸의 균형이 무너지면서 오른 발목을 접질린다. 그 와중에도 운 좋게 공을 받아넘겼다. 이를 지켜보던 사람들이 "우와아~" 하는 탄성과 함께 박수를 보낸다.

사실 이런 선수가 전형적인 하수(下手)다. 고수는 상대방의 라켓 방향과 손목(팔)의 움직임을 미리 읽고 공의 방향을 예측한다. 공이 왼쪽으로 넘어올 건지 오른쪽으로 넘어올 건지, 너클인지 커트인지 횡(橫)회전인지 알아채고 미리 대처한다. 다시 말해, 진정한 고수는 상대방 공의 구질과 방향을 읽고 즉시 발을 움직여 그에 맞는 자세를 취한다. 따라서 당황하거나 몸의 균형을 잃는 일이 거의 없다.

하지만 하수는 공이 상대방의 라켓을 떠난 뒤에야 방향과 구질을 읽고 황급히 대처한다. 그러다 보니 연이어 실수가 터져 나온다. 물론 발목을 접질리면서까지 공을 쫓아가 받아넘긴 건 칭찬받아 마땅하지만 그것으로 끝이다. 간신히 받아넘긴 공은 안정된 플레이에서 나온 게 아니다 보니 높이 뜬 채 고수에게로 넘어간다. 그 공은 고수의 강력한 스매싱 한 방에 실점으로 연결될 공산이 크다.

다시 야구 이야기로 돌아오자. 수비가 미숙한 외야수일수록 멋지고 화려한 수비를 자주 펼친다고 한다. 수비력이 떨어진다는 말은 날아오는 공의 구질에 대한 판단이 느리고 발도 빠르지 않다는 얘기로 바꿔 생각할 수 있다.

미숙한 외야수는 공이 방망이에 맞아 튕겨져 나오는 소리를 듣고 난 뒤 비로소 발을 뗀다. 한 박자 늦게 움직인다. 실상 어렵지 않은 구질임에도 몸을 날려야 겨우 잡을 만큼 힘든 공이 돼버린다. 그런 모습이 관중들 눈엔 힘든 공을 잘 처리한 것처럼 비친다.

앞서 해설위원이 외야수의 플레이를 보고 "저 선수, 야구를 좀 힘들게 하는군요"라고 말한 건 풍부한 관록에서 나온 평가다.

수비가 능숙한 외야수는 사전에 타자의 습성을 읽고 수비 위치를 바꾸며, 공이 방망이에 맞는 소리를 듣자마자 공이 떨어질 예상 지점으로 달려간다. 그래서 빠르고 강한 타구도 여유 있게 쫓아가 잡아낸다. 너무 쉽게 잡아내는 것처럼 보여 관중들은 어려운 라이너성 타구였다는 걸 깨닫

지 못한다. 하늘로 솟구친 평범한 공을 수비가 아무 힘도 들이지 않고 잡
아냈다고 생각할 뿐이다. 하지만 전직 야구선수나 전문가들은 이게 바로
승부를 가르는 진정한 수비 플레이라고 입을 모은다.

베네수엘라 출신이자 미국 프로야구의 외야수인 멜빈 모라는 이렇게
말했다.

"방망이의 소리를 듣는 순간
공이 어디로 날아갈지 예측할 수 있습니다."

말도 안 된다고? 방망이에 맞은 공이 아직 눈에 보이지도 않는데, 어떻
게 방향을 알 수 있단 말인가? 그게 정말 가능할까?

가능하다. 물론 우리와 같은 일반인이 아닌, 적어도 승점 하나에 연봉이 수십만 달러씩 왔다 갔다 하는 프로선수들이라면 말이다.

그들은 방망이에 공이 맞았을 때 날카롭고 경쾌한 소리가 나면 외야에서 뒷걸음질을 치기 시작하고, 둔탁한 소리가 나면 안쪽으로 달리기 시작한다. 그러면 황급하게 뛰어가거나 애써 몸을 던져 수비를 하지 않아도 된다. 예측한 위치로 달려가 날아오는 공을 사뿐히 낚아채면 된다.

《손자병법》〈군형편(軍形篇)〉에 등장하는 명구다.

선전자승우이승자야.
(善戰者勝于易勝者也.)

'싸움을 잘하는 사람은 여유를 가지고 쉽게 이기는 사람'이라는 의미다. 싸움도 스포츠와 다를 바가 없다. 사전에 상대방의 움직임을 충분히 읽고 여유롭게 대응하면 그 싸움에서 이길 수밖에 없다. 또 쉽게 이겨야 아군의 전력 손실도 최대한 줄일 수 있다. 안 그런가?

특명, 위(胃)를 점령하라!

경영과 마케팅 전략에 대해 논할 때 애용(?)되는 코카콜라 전 CEO 로베르토 고이주에타(Roberto Goizueta)에 대한 일화다.

1980년대 초 코카콜라는 미국 음료 시장의 35%를 점유하고 있었다.

당시 임직원들은 콜라가 이미 성숙 시장에 진입한 상태라 더 이상 성장할 수 없다고 생각했다. 단 0.1%의 시장 점유율을 위해 회사 전체가 출혈을 감수하는 일도 많았다. 고이주에타 회장은 이런 발상을 바꾸고자 했다.

고이주에타 회장은 고위 임원 회의에서 이렇게 입을 뗐다.

"전 세계적으로 한 사람이 마시는 액체가 평균적으로 얼마나 되죠?"

"64온스입니다."

임원의 대답을 들은 고이주에타 회장은 다시 물었다.

"한 사람이 하루에 마시는 코카콜라는 평균적으로 얼마나 되죠?"

"2온스입니다."

고이주에타 회장은 다시 이렇게 물었다.

"코카콜라의 위 점유율(share of stomach)은 얼마나 되죠?"

이 질문은 콜라 시장에서의 코카콜라 점유율이 아니라 전 세계 사람들이 하루에 마시는 액체 가운데 코카콜라가 차지하는 비율이 어느 정도인지 생각해보고 경쟁 전략을 추진하라는 강력한 메시지다.

지금껏 코카콜라 임직원들은 자신들의 유일한 경쟁자는 '펩시'라고 생각하고, 펩시와의 경쟁에서 승리하기 위해 자신들이 가진 온갖 경영 자원을 쏟아붓고 있었다. 고이주에타 회장은 펩시와 같은 동종 업체만을 코카콜라의 경쟁자로 생각하던 기존 발상에서 벗어나 커피와 주스, 우유, 물

등 액체 음료로까지 눈을 돌리는 단초를 제공했다.

세계 최초로 스트리밍 서비스 시장을 개척해 돌풍의 주인공이 된 넷플릭스(Netflix). 이 회사의 CEO 리드 헤이스팅스는 말한다.

"우리의 최대 경쟁자는 기존 방송사가 아니라 사람들의 잠(sleep)입니다."

이처럼 상식을 뛰어넘는 CEO의 기발한 발상들이 전 세계 최고의 회사를 탄생시켰다.

비지를 사러 온 아줌마에게 무엇을 더 팔 수 있을까?

'싼 게 비지떡!'

'비지 먹은 배는 연약과도 싫다 한다.'

앞의 말은 '세상 물건은 모두 제값을 한다'는 의미고, 아래의 말은 '하찮은 음식일지라도 먹어서 배가 잔뜩 부르면 연한 약과와 같은 맛있는 음식일지언정 더 식욕이 생기지 않는다'는 의미다. 두 속담에 등장하는 '비지'의 자리매김을 통해 우리 밥상 위 비지의 위상을 읽어낼 수 있다. 비지는 두부를 만들 때 두유(豆乳)를 짜고 남은 찌꺼기로, 가용성 단백질이 대부분 제거된 식품이다. 또 섬유질만 주로 남아 있어 껄끄럽기 그지없다.

시장 골목 한 모퉁이에 식료품 가게가 하나 있다. 옆구리에 시장바구니를 낀 아주머니가 가게로 들어온다.

"아저씨, 비지 있어요?"

"네, 있습니다."

여기서 잠깐! 만약 이 상황에서 가게 주인이 아주머니에게 비지 한 뭉치만 팔았다면, 그건 최악의 상술이다. 아주머니가 애초에 비지만 찾았는데, 이게 무슨 말이냐고? 상대방이 원하는 것만 파는 거라면 누구든 할 수 있다. 제대로 된 장사꾼이라면 비지가 아닌 또 다른 뭔가를 팔아야 한다.

이런 상황에서 필요한 게 바로 발상 전환이다. 생각해 보라. 비지를 활용해 만들 수 있는 음식엔 어떤 게 있을까? 단연 '찌개'다. 비지를 사는 대부분 사람은 찌개를 염두에 둔다. 따라서 이때는 찌개의 핵심 재료로 비지가 아닌 두부를 제안할 수 있어야 한다. 비지보다 부가가치가 높은 두부를 팔고 비지는 덤으로 조금 싸주는 건 어떨까? 훈훈한 인심 덕분에 애호박과 바지락, 청양고추 같은 찌개 부재료도 덩달아 팔 수 있다. 이처럼 상대방이 진정으로 원하는 게 무엇인지 꿰뚫어보는 안목이 필요하다.

물론 이것으로 상황이 종료되는 건 아니다. 두부와 부재료를 사간 아주머니가 며칠 뒤에 찾아와 이렇게 말해야 한다.

"아저씨, 그저께 사간 두부, 너무 고소하던데요? 청양고추랑 바지락도 싱싱하고! 그래서 오늘은 옆집 아주머니랑 같이 왔어요."

진정한 상술이란, 고객이 물건을 구매한 이후에야 비로소 시작된다. 발상 전환에 대한 우리의 마음가짐도 그랬으면 한다.

20층 빌딩을
1층부터
해체?

04

앞의 사진을 보라.
왼쪽부터 차례로 3월 말, 5월 초, 6월 중, 7월 말의 모습이다.
맨 위층의 'KAJIMA'라는 회사명에서 알 수 있듯,
빌딩 해체가 맨 위층이 아니라 맨 아래층부터 이뤄지고 있다.

발상 전환의 극치를 보여주는
해체 공법이다.

피자는 둥근데,
상자는 왜 사각형이야?

창의적 발상 능력을 가진 사람은 모두 엇비슷하고,
그렇지 못한 사람은 그 이유가 제각각이다.

집은 지붕부터 올린다?

5층짜리 건물이 있다. 지은 지 40년이 훌쩍 지나 비도 새고 외관도 허름하다. 건물주는 기존 건물을 허물고 10층짜리 건물로 재탄생시키고 싶어 한다. 이때 가장 우선으로 해야 할 작업은 뭘까? 응당 건물부터 해체해야 한다.

자, 여기서 질문! 건물의 해체 순서를 말해보라. 1층부터인가? 5층부터인가? 이에 떨떠름한 표정으로 대꾸한다.

"참 답답한 사람! 무슨 질문이 그래?
당연히 맨 위층부터 차례로 허물어서
마지막에 1층을 뜯어내는 게 순리 아니겠어?"

하지만 그런 발상에 반기를 든 건설사가 있다. 그 건설사는 "우리는 1층부터 부수겠다"고 강력하게 주장한다. 믿기 어렵다고?

주인공은 바로 건설회사 '가지마(鹿島)'다. 이 회사가 개발한 컷앤다운(cut and down) 공법은 이른바 '달마오토시(망치로 단 빼기)'식 해체 방식이다. 이 공법은 고층 빌딩을 맨 아래층인 1층부터 2층, 3층으로 거꾸로 해체해나가 마지막에 맨 상층을 해체한다. 그런 공법 특성 때문에 모든 해체 작업은 지상에서 이뤄진다. 구체적인 공법이 궁금한 독자는 가지마 건설 홈페이지를 참고하기 바란다. (www.kajima.co.jp)

달마오토시식 해체 방식을 기존 해체 방식(위에서부터 아래로 진행되는 방식)과 비교했을 때 장점은 이렇다.

- 폐자재 재생률이 높다. (약 50% → 93%)
- 분진 발생이 30% 정도 줄어든다.
- 지상에서 모든 해체 작업이 이뤄져 폐자재와 작업자가 낙상할 위험이 없다.
- 동일한 작업을 반복함으로써 작업 시간이 10~20% 정도 단축된다.

실제로 맨 위층에서 아래로 내려오면서 해체하는 기존 방식은 주변 사람들에게 다량의 소음과 분진을 발생시키는 등 많은 문제점이 발생했다. 가지마 건설은 달마오토시식 해체 방식으로 그런 문제를 단숨에 해결했다. 이것은 발상 전환의 극치를 보여주는 훌륭한 사례. 여기서 큰 영감을 얻은 당신, 집 지을 때 지붕부터 올리는 발상을 꿈꿔라!

우유 팩은 사각형인데 콜라 캔은 왜 둥근 모양이지?

아이: 왜 우유 팩은 사각형이야?

엄마: 음, 왜 그럴까?

아이: 그럼 왜 콜라 캔은 원통형이야?

엄마: 음, 그건….

아이의 질문에 필자의 생각과 로버트 프랭크의 저서 《이코노믹 씽킹》 의 해설을 곁들여보았다. 우유는 음료수보다 음식에 가깝다. 아이들에게 우유는 세끼 밥이다. 마실 때 우유팩을 잡고 그대로 마시는 경우는 많지 않다. 대부분 컵에 따라 마신다. 또한 보관을 할 때 반드시 냉장고에 넣어 둬야 하는데, 원통형보다 사각형의 공간 활용도가 높다.

반면 콜라는 음식이라기보다 목이 칼칼할 때 마시는 음료수다. 흔히 용기에 담긴 채 그대로 소비되기 때문에 손에 잡기 쉬운 원통형이 더 낫다. 탄산음료라는 콜라의 속성상 동일한 내압이 걸리도록 원통에 담는 게 합리적이다. 또한 콜라는 장소(기간)에 크게 구애받지 않는 음료이기에 휴대성 측면에서도 원통형이 유리하다.

강수량과 돈의 관계?

1954년, 영국 정부는 각 지역의 텔레비전 방송권을 경매에 부쳤다. 입찰에 참여하겠다는 회사들로 북새통을 이룬 가운데, 경영진들은 전국에 걸쳐 인구 통계를 분석하는 등 가장 부유하면서 고액의 광고료 수입이 예상되는 지역을 찾으려 애썼다.

그 결과, 많은 경영진이 런던과 잉글랜드 남동부에 주목했다. 당시 소규모 영화 단체 그라나다 시네마를 경영하고 있던 시드니 번스타인(Sidney Bernstein)도 방송권 획득에 관심을 가졌다. 이때 번스타인은 부하 직원에게 이런 지시를 내렸다.

조사 결과, 비가 가장 많이 내리는 지역은 잉글랜드 북서부였다. 이를 근거로 번스타인은 그 지역 방송권 입찰에 참여했다. 예상대로 관심을 갖는 경쟁자가 없어 방송권을 쉽게 수중에 넣을 수 있었다. 이후 번스타인

"돈이 많은 지역이 아니라
비가 많이 내리는 지역을 찾아야 한다.
영국에서 비가 가장 많이 내리는
장소를 찾아라!"

은 드라마와 뉴스 등 수많은 히트 프로그램을 제작하면서 큰 성공을 거두었다. 번스타인은 비가 많이 내리는 지역에 사는 사람일수록 상대적으로 외출 횟수가 적고, 실내에 머무는 시간이 많기 때문에 텔레비전을 시청할 확률이 높다고 생각했다.

남다른 발상 전환을 통해 문제의 본질에 접근함으로써 성공을 일궈낸 멋진 사례다.

배면뛰기, 기존 발상을 뒤엎다

1968년 멕시코 올림픽에서 수많은 관객이 한 젊은 선수에게 눈길을 빼앗겼다. 주인공은 높이뛰기 선수 딕 포스버리(Dick Fosbury)였다. 그는 배가 아닌 등이 지면을 향하도록 해 도약했다. 이른바 '누워서' 장대를 넘은 것이다. '배면뛰기(flop)'라는 새로운 높이뛰기 방법이 탄생하는 순간이었다. 당시만 해도 높이뛰기 선수들은 뜀틀을 넘듯 다리를 벌려 장대를 넘거나 두 다리를 옆으로 해서 차례로 넘곤 했는데, 어쩐 이유에서인지 좋은 기록이 나오지 않았다.

포스버리는 올림픽이 열리기 전까지만 해도 세계 랭킹 48위인 무명 선수였다. 그러다 이듬해 열린 올림픽에서 전대미문의 높이뛰기 방법으로 무려 2.24m를 뛰어넘는 대기록을 달성하며 금메달을 차지했다. 이 배면뛰기는 이후 '포스버리 플롭(Fosbury flop)'으로 불리며 기존의 높이뛰기 기록에 일대 변혁을 가져왔고, 전 세계 높이뛰기 선수들도 모조리 따라

하기 시작했다.

　포스버리는 말한다.

　"16세 때부터 코치에게 수업을 받았지만 기록에 한계가 있어 다른 방법이 없을까 고민했습니다. 그러다 떠올린 게 배면뛰기였지요. 처음에는 기록이 부진했지만 코치의 격려도 더해지면서 실력이 차츰 향상되었죠."

　포스버리가 개발한 배면뛰기는
　20세기 도전 정신에 큰 획을 남겼다.
　인류가 원시시대 이래 아무 의심 없이 받아들여온
　발상과 관념을 무참히 짓밟았기 때문이다.

대체 주유구가 어느 쪽이야?

"어, 차를 어느 쪽에 대지?"

차에 기름을 채우려고 주유소를 찾았다가 어느 쪽이 주유구인지 헷갈려 당황한 적은 없는가? 차에 따라 주유구가 오른쪽에 있는 경우가 있고, 왼쪽에 있는 경우가 있으니 그럴 만도 하다. 필자도 아내 차를 몰고 나갔다가 주유소를 찾을 때면 어느 쪽에 차를 대야 할지 난감해한 적이 몇 번 있다. 아내와 필자의 차 주유구 위치는 정반대다.

실제로 자동차 회사에 따라 주유구 위치가 다르다. 현대, 기아와 르노삼성 차의 주유구는 왼쪽에 있고, 쉐보레는 오른쪽에 있다. 수입차도 제각각이다. 미국과 유럽 차는 왼쪽, 일본과 영국 차는 대부분 오른쪽에 주유구가 있다.

그러던 차에 회사별로 천차만별인 주유구를 단번에 알 수 있는 팁 하나를 온라인에서 건졌다. 감사할 따름이다. 운전석 계기판만 보면 된다. 주유구 표시 옆에 삼각 표시가 있는데, 그것이 '▶'이면 주유구가 오른쪽에, '◀'이면 주유구는 왼쪽에 있다. 일부 차종에는 삼각 표시가 아예 없는 경우도 있으니 주의하기 바란다.

잠시 고민해보자. 자동차의 주유구가 모두 한쪽에만 달려 있다면 어떻게 될까? 운전자라면 공감하겠지만 주유소에서 기름을 넣는 건 힘들어질 게다. 기름 한 번 넣기 위해 얼마나 긴 줄을 서야 할까. 하지만 주유구가 양쪽에 있는 덕분에 기름을 넣을 때 차들이 반반으로 나뉘면서 주유 시간이 그만큼 단축된다.

전 세계 자동차 회사들이 모여 주유구 위치에 대해 논하며 담합한 건 아니겠지만, 결과적으로 소비자 편익으로 이어지는 창의적 체계와 질서가 만들어졌다. 불편과 혼란은 창의적 질서의 다른 이름이었다.

퀴즈로 깨치는
유쾌한 발상 전환!

정답 속으로 Go Go!

앞서 던진 생뚱맞은 질문 열 가지에 대한 답변이다. 더불어 약간의 해설도 곁들여보았다. 정답은 어디까지나 필자의 머리를 기준으로 도출된 것이니 독자들의 발상과 다소 괴리가 있을 수 있다. 그런 점을 이해 바란다.

남은 김밥은 몇 줄?

K는 어머니가 싸준 네 줄의 김밥 중 서울로 올라갈 때 반을 먹고, 면접이 끝나고 다시 부산으로 내려갈 때 반을 먹었다. 그렇다면 현재 K에게 남아 있는 김밥은 몇 줄일까? 답은 세 가지로 생각해 볼수 있다.

• 한 줄도 남지 않았다. 서울에 올라갈 때 반, 즉 두 줄을 먹고, 내려갈 때 나머지 반인 두 줄을 먹었다.

• 한 줄 남았다. 네 줄의 반(두 줄)을 올라갈 때 먹고, 남은 두 줄 중 반을 내려갈 때 먹었다.

• 세 줄 남았다. 올라갈 때 한 줄의 반인 0.5줄을 먹고, 내려갈 때 나머지 반인 0.5줄을 먹었다.

벽돌 한 장의 용도는?

벽돌 한 장의 용도를 20가지 이상 떠올려보는 문제였다. 많은 사람이 '좌변기 뒤쪽 물통에 넣어둔다'는 답을 한다. 벽돌로 인한 부피만큼 물을 절약할 수 있다는 과거 캠페인의 영향이다.

그밖에도 운동기구(아령 대용), 못 박기(망치 대용), 의자, 베게, 문 받침돌(고정), 책꽂이, 길이 파인 곳 채우기, 서류나 항아리 뚜껑 고정, 각질 제거, 현관 우산 받침대(물 흡수), 휘어진 못 펴기, 비누 받침대, 도둑을 잡을 때 사용, 각종 받침대(손이 닿지 않아 밟고 올라섬), 숫돌(칼 갈기), 조각품, 격파 시범용 등을 생각했을 것이다. 그래서는 안 되지만 심지어는 데모 시에 투척, 차 유리창 깨기 등도 생각할 수 있다. 그러고 보니 허접해 보이는 벽돌 한 장으로 참 많은 일을 할 수 있다.

좌변기 물 절약용 다음으로 가장 많이 나올 법한 대답이 무엇인지 아는가? 바로 '고임돌'이다. '벽돌 한 장의 사용법'에 대한 질문은 과거 A 자동차 회사의 면접에서 나온 적이 있다. 많은 면접자가 (자동차 회사 면접인 만큼) 차량을 떠올리며 "경사로에 주차한 차량의 고임돌로 사용하겠습니다"라고 답했다. 하지만 이는 지극히 평범한 답변이다.

그렇다면 과연 어떻게 답해야 면접관들의 마음을 사로잡을 수 있을까? 이때 평소 뛰어난 발상력의 소유자로 평가받던 한 면접자는 '고임돌로 사용'이라고 답한 뒤 전혀 다른 활용 방안을 덧붙였다.

"자동차 비교 광고 소품으로 활용하겠습니다."

"어떻게 말인가요?"

"경사로에 A사 자동차 한 대와 B사 자동차 한 대를 나란히 세웁니다. 그런 다음 벽돌 한 장을 B사 자동차의 뒷바퀴 고임돌로 사용합니다. A사 자동차는 파킹 성능이 우수해 경사로에서도 별도의 고임돌이 필요하지 않지만, B사의 자동차엔 꼭 필요하다는 인식을 소비자들에게 은연중 심어주는 겁니다."

이 면접자의 최종 평가는 어땠을까? 물어보나 마나다. 합격!

이런 일이 가능할까?

여자는 10번째 생일 파티를 성대하게 열었다. 바로 그날 오전, 20세가 된 그녀의 딸이 결혼식을 올렸다. 이런 일이 가능할까? 물론 가능하다. 그녀의 생일은 2월 29일로, 그녀의 나이는 현재 40세다. 2월은 28일까지 존재한다. 29일은 4년에 한 번씩 돌아오기에 그녀는 10번째 생일을 맞이했다.

일기예보 적중률

· 예보관 A: "내 예상은 70% 적중한다."
· 예보관 B: "내 예상은 50% 적중한다."
· 예보관 C: "내 예상은 20%밖에 적중하지 않는다."

자, 과연 어느 예보관이 가장 높은 확률로 며칠 후의 날씨를 알고 예측한 것일까. 과연 누구의 말을 믿고 야유회를 준비해야 할까?
'그야 당연히 70%나 적중한다는 예보관 A이지'라고 판단했다면 당신은 큰 실수를 한 것이다.
정답은 '예보관 C'다. 세 명의 예보관 가운데 가장 낮은 적중률(20%)을 보이고 있으나 예보관 C의 예상을 정반대로 판단하면 80%의 확률로 내일 날씨를 맞출 수 있다. 가령 예보관 C가 "내일은 맑습니다"라고 했다면, 이 예보관의 적중률은 20%이므로 날씨가 맑을 확률은 20%, 비가 내릴 확률은 80%가 된다.

당신의 산수 능력!

평균 '60km/시속'으로 자동차를 몰고 대전에 갔다. 돌아오는 길엔 평균 '40km/시속'으로 자동차를 몰았다. 자동차의 왕복(회사↔대전) 평균 시속은 몇 km인지를 묻는 질문이다. 분명 많은 사람이 반사적으로 '50km/시속'이라고 답했으리라 예상된다. '60+40=100', 그런 다음 평균이니 100/2=50이라고 생각하지 않았는가? 하지만 '50km/시속'은 정답이 아니다.

가령 회사에서 대전까지 거리가 120km라고 가정하자. (시속은 계산 편의상 40km 60km로 함.) 그러면 대전에 갈 땐 2시간이 걸리고, 회사로 돌아올 땐 3시간이 걸린다. 즉 왕복 240km의 주행에 모두 5시간이 걸린 셈이다. 그러므로 왕복 평균 시속은, 240km를 5시간으로 나누면 '48km/시속'이란 답이 도출된다.

이 정답에서 알 수 있듯 《아이디어 사용설명서》의 저자 폴 슬론은 우리들의 직감만을 믿어선 안 되는 전형적 사례라고 꼬집는다. 예시는 수학적 사고의 의미와 필요성을 잘 깨우쳐주고 있다.

동그라미 만들기

성냥개비 다섯 개로 동그라미를 만들라는 문제였다.

성냥개비 다섯 개로 우리나라 돈 원화 표시(₩)를 만들면 간단히 원이 만들어진다. 이해되는가?

특명, 사형수를 살려라!

오랜 고심 끝에 수령은 농부에게 이런 판결을 내렸다.

"당신을 사형에 처한다. 다만, 죽는 방법은 네가 결정할 수 있다."

자, 당신이 농부라면 어떻게 답하겠는가. 농부는 이렇게 답했다.

"한평생 편안히 살다 죽겠습니다."

습관은 발상 전환의 적!

아래에 주어진 12문제를 모두 1분 안에 푸는 문제였다.

24 ÷ 3 =	8 + 8 =	19 − 3 =	6 × 8 =
32 − 8 =	49 ÷ 7 =	6 + 19 =	26 − 8 =
9 × 8 =	7 × 9 =	16 + 8 =	44 ÷ 4 =

맨 위의 줄 왼쪽부터 당신이 구한 답을 불러 보라. 혹시 '8, 16, 16, 48'인가? 그렇다면 유감스럽게도 답 절반이 틀렸다. 정답은, '8, 16, 57, −2'이다. 어째서 그러냐고? 이해가 안 된다고?

지시문을 다시 읽어보라. 이렇게 되어 있다.

'+는 더하기, −는 곱하기, ×는 빼기, ÷는 나누기를 의미한다.'

실제로 많은 사람이 위 지시문을 읽지 않은 채 곧장 문제를 푼다. 지시문을 처음부터 끝까지 읽지 않는 이유는 연산기호가 너무 익숙해 그냥 흘려버렸거나 1분이라는 제한 시간과 연산 능력을 시험한다는 말에 서둘러 문제를 푼 탓이다.

이 문제는 평소 인간이 별생각 없이 얼마나 타성적으로 행동하는지를 보여주는 전형적 사례다. 추가로 이와 같은 사칙연산도 정답 도출만 떠올릴 게 아니라, 해결 과정을 고민하는 질문을 던져보자. 발상 전환 능력 함양에 도움이 된다.

예컨대 '130+235=?'라는 단순한 질문보다 '365가 되려면 어떻게 해야 하지?'라는 질문을 던져보자. 그러면 수학도 답이 늘 하나만 있는 게 아님을 깨닫는다.

목적을 망각하지 말라

많은 사람이 종종 저지르는 실수 가운데 하나는 애초 의도한 목적보다 그 방법론에 초점을 빼앗긴다는 사실이다. 이 문제에 등장하는 K 교수가 그랬다.

조교가 출제한 퀴즈, 즉 "밥 먹을 땐 입이 하나, 화장실에선 입이 세 개인 것은 뭘까요?"의 정답은 정작 조교 자신도 알지 못한다. 하지만 그는 K교수와 달리 돈을 따겠다는 애초의 목적을 잊지 않았다.

이야기에 등장하는 조교의 당초 목적은 자기 이익을 최대한 끌어올리는 거다. 정답을 찾느냐 찾지 못하느냐의 문제가 아니다. 지나치게 방법론에만 매달려 초심을 망각하는 우를 범해선 안 된다. 우리 발상도 마찬가지가 아닐까!

당신이라면 어떤 선택을 하겠는가?

아래에 주어진 네 문항 가운데 몇 번을 골랐는가?

　①다른 사람보다 먼저 금이 묻혀 있을 법한 장소로 간다.
　②다른 사람보다 더 많은 곳을 파 금을 찾는다.
　③금을 찾아 얼마에 팔지 관련 정보를 수집한다.
　④금을 찾으러 몰려든 사람들을 상대로 장사를 한다.

①번을 선택했다면 당신은 신속한 대응력을 가진 사람이다. ②번을 선택했다면 당신은 왕성한 체력을 가진 사람이다. ③번을 선택했다면 분명 발 빠른 정보 수집력을 가진 사람이다. 마지막 ④번을 선택했다면, 당신은 매우 냉정한 사고의 소유자이자 선견지명을 지닌 사람이 분명하다.

④번을 실천한 이가 바로 리바이스(Levi's)의 창업자 리바이 스트라우스(Levi Strauss)다. 그는 금을 찾으러 다니기보다 몰려든 사람들에게 튼튼한 작업복을 만들어 팔기로 했다.

그 외에도 이를 실천한 사람이 있다. 주인공은 바로 《부자 아빠 가난한 아빠》의 저자 로버트 기요사키다. 그는 돈을 벌고 싶어 안달 난 사람을 대상으로 책을 팔아 돈을 왕창 벌었다. 부자가 되는 법을 본인 스스로 체득해 돈을 번 게 아니라, 전 세계 독자들을 대상으로 책을 팔아 거금을 손에 넣었다.

한편으로 당신이 진정한 창의적 발상의 주인공이라면, 일단 ④번, 즉 금을 찾으러 몰려든 사람들을 상대로 장사를 하면서 돈을 모은다. 그런 다음 ③번, 즉 금을 얼마에 팔지에 대한 정보를 체계적으로 수집한다. 이어 ①번, 즉 다른 사람보다 먼저 금이 묻혀 있을 법한 장소로 가서 ②번, 즉 여러 곳을 파 금을 찾아내 억만장자가 된다.

어떤가? 훌륭한 답을 도출한 독자에겐 짝짝짝 박수를 보낸다. 설령 그렇지 못한 독자라 할지라도 실망할 필요는 없다. '틀린 답도 물음이 달라지면 올바른 답이 된다'라는 말이 있지 않은가! 틀릴 때마다 새로운 것을 배우고 깨닫는 것이 훨씬 가치가 크다.
끝으로 보너스 문제! 천천히 시간을 가지고 답해도 좋다.

아무것도 없음, 즉 '무(無)'를 그림으로 한번 표현해보라.

태초에
발상이
있었나니!

05

앞 왼쪽 그림의 화살표는 검정색(Black Arrows)인가?
흰색(White Arrows)인가?
앞 오른쪽 정육면체 녹색 면은 바깥쪽(앞쪽)인가? 안쪽(벽면)인가?
아래의 영단어는 선(Good)인가? 악(Evil)인가?

사물엔 반드시 이면(裏面)이 존재한다.
이면을 꿰자면 발상 전환이 필요한데,
이는 모든 기회의 시작이다.

절체절명의 **위기**에서
벗어나기!

데카르트는 말했다.
"나는 생각한다, 고로 존재한다."
'생각한다'는 끊임없이 의문을 던지는 것이어야 하고,
'존재한다'는 끊임없이 발상한다는 것이어야 한다.

앞차가 밀려 내려온다!

질주 본능 폭발! 평일 오전 시원스럽게 트인 고속도로를 무서운 속도로 달린다. 오랜만에 맛보는 속도감에 아드레날린이 마구 뿜어져 나온다. 남쪽으로 한참을 달리다 보니 오르막 도로가 나왔다. 중간쯤 접어들자 갑자기 앞서가던 차들의 꽁무니에 하나둘 빨간 불이 들어온다. 그러더니 모두 멈춰 선다.

이때 문제가 터졌다. 바로 앞에 멈춰 서 있던 차가 슬금슬금 뒤로 밀려 내려온다. 급히 뒤쪽을 봤으나 이미 꽉 들어찬 차들로 후진이 불가능하다. 그렇다고 양옆으로 피하자니 왼쪽은 중앙분리대가, 오른쪽은 차들로 채워져 있다. 피할 곳은 어디에도 없다. '진퇴양난'이라는 표현은 이럴 때 사용한다.

만약 당신이 이런 상황에 처했다면 어떻게 대응할 건가? 상식선에서 대략 두 가지 대안을 떠올릴 수 있다.

1. 경적을 울려 앞차 운전자에게 경고를 보낸다.
2. 얼른 차에서 뛰어내려 어딘가로 몸을 피한다.

먼저 차의 경적을 울리는 경우를 생각해보자. 경적을 울렸음에도 불구하고 앞차가 계속해서 밀려 내려온다면 당신은 황급히 차 기어를 R(후진)로 바꾼다. 그렇게 해 앞차와 당신 차 사이에 거리를 확보해야 한다. 앞차가 스스로 멈출 수 있도록 거리와 시간을 확보하게 한다는 계산이다.

경적을 울려 경고를 했음에도 앞차가 계속해 밀려 내려온다면, 제어 불능이나 차에 심각한 트러블이 발생했을 가능성이 있다. 그런 상황에서 당신 차가 뒤로 물러나게 되면 그만큼 거리가 벌어져 오히려 앞차에 가속도만 붙여주는 꼴이 된다. 앞차가 당신 차와 부딪혔을 경우 차의 피해는 더욱 커질 수밖에 없다.

재빨리 차에서 뛰어내려 주변의 어딘가로 몸을 피하는 대안은 어떨까? 빨리 움직이면 몸은 무사할 수 있다. 하지만 앞차가 서서히 밀려 내려오면서 당신 차와의 충돌은 결코 피할 수 없다. (《그림1》 참조)

그렇다면 어떻게 해서든지 앞차의 후진을 당장 멈추도록 해야 한다. 어떻게 말인가? 이제 평소 갈고닦은 당신의 두뇌 기량이 발휘될 차례다. 슬

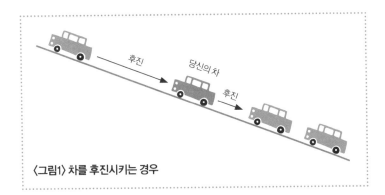

〈그림1〉 차를 후진시키는 경우

금슬금 밀려 내려오는 앞차를 향해 당신 차를 출발시켜 접촉 일보 직전에 차를 멈춘다. 그렇게 되면 밀려 내려오는 앞차의 가속도가 붙기 전에 당신 차와 접촉함으로써 앞차를 멈추게 할 수 있다. (〈그림2〉 참조)

물론 어느 정도 피해는 감수해야 한다. 앞차의 후진 속도가 그다지 빠르지 않다면 앞 범퍼가 살짝 긁히는 경미한 피해로 끝날 수도 있다.

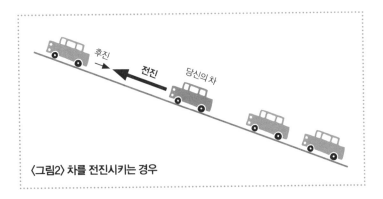

〈그림2〉 차를 전진시키는 경우

또한 당신 차 뒤쪽에 있는 차와 2차 충돌과 같은 대형사고도 피할 수 있다. 결국 '밀려 내려오는 앞차와의 충돌을 피하려면 뒤로 물러나는 게 좋다'는 기존 전제에 의구심을 품고, '밀려 내려오는 앞차의 가속도가 붙기 전에 그 차를 세워야 한다'는 완전히 새로운 발상을 함으로써 솔로몬을 뛰어넘는 지혜로운 해결책이다.

이를 두고 심리학자이자 수평적 사고의 창시자인 에드워드 드 보노(Edward de Bono)는 이런 평가를 내렸다.

"전자(前者)의 사고(〈그림1〉)는 '수직적 사고(vertical thinking)'의 결과고, 후자의 사고(〈그림2〉)는 '수평적 사고(horizontal thinking)'의 결과다."

수직적 사고와 수평적 사고에 관한 내용은 Part 3에서 상세히 설명하겠다. 위와 같은 긴급한 상황 속에서 합리적 판단을 내리는 건 분명 쉽지 않은 작업이다. 부디 발상 전환에 대한 두뇌 훈련과 그 능력 계발을 통해 절체절명의 위기에서도 냉정함을 되찾아 피해를 최소화하는 기량을 키웠으면 한다.

맨날 사고만 나? 그렇다면 더 나게 만들어라!

"미치고 환장하겠네! 뭔 답이 있어야 말이지!"

한 지자체장이 골머리를 앓고 있었다. 관할 지역 내에 소속된 마(魔)의 곡선도로에서 자동차 사고가 끊임없이 일어났다. 그렇다고 이 도로가 운전자의 시야를 극단적으로 방해하는 급커브라거나 가로등 하나 없는 암흑천지의 외진 도로는 아니었다. 양쪽으로 가드레일도 충실히 설치돼 있어 밤길에도 안전하게 운행할 수 있게 해놓았다. 누가 봐도 절대 사고가 일어날 것 같지 않은 도로였다.

그렇게 머리를 싸매던 지자체장은 인근 주민들을 대상으로 설문조사를 했다. 그 결과, 이런 의견들이 모였다.

"교통 안내판이 미흡하다."
"곡선 도로에 거울을 더 많이 설치해야 한다."
"경고 문안을 더 크게 만들어야 한다."
"과속 방지턱을 여러 개 설치해야 한다."
"산을 깎아 곡선 도로를 직선으로 만들어야 한다."

지자체장은 주민들의 의견을 최대한 수용했다. 어마어마한 투자 비용이 예상되는 곡선을 직선 도로로 만들어달라는 의견만 빼고 말이다. 하지만 교통사고는 계속해서 일어났다. 막대한 예산 투입에도 불구하고 사고가 줄지 않자 지자체장은 더욱 궁지에 몰렸다. 그 틈을 타고 지자체장이 물러나야 한다는 여론이 공공연하게 흘러나왔다.

당신이 지자체장이라면 이런 최악의 상황에서 어떤 해결책을 제시할 것인가? 혹시 이런 대안을 떠올린 것은 아닌가?

"도로 폭을 넓힌다."
"신호등을 설치한다."
"교통 경찰관을 24시간 배치한다."
"자극적인 경고 표지판을 설치한다."
"속도를 30km 이내로 제한한다."
"주민 요구대로 산을 깎아 도로를 직선 도로로 만든다."

참고로 일전 국토해양부와 교통안전공단이 국내 국도와 지방도 가운데 지자체별로 가장 위험한 16곳을 공개했다. 이들 도로 가운데에는 운전자 부주의나 잦은 무단 횡단으로 사고가 일어나는 지역도 있었으나 상당수가 중앙분리대 설치와 버스정류장 개선 등 도로 구조 개선만으로도 사고 예방에 큰 효과를 볼 수 있는 것으로 나타났다. 솔직히 도로 구조 개선도 중요하지만, 무엇보다 운전자의 올바른 운전 습관이 우선은 아닐까.

한편 이 지자체의 경우, 전례를 볼 때 도로 구조 개선이나 교통 안내판 추가 등과 같은 대안들은 사고 예방보다 결국 지자체의 재정만 더욱 압박할 가능성이 높다.

그러던 어느 날, 골머리를 앓고 있는 지자체장이 안타까웠던지 한 택시 운전기사가 위로 반, 푸념 반으로 한마디 거들었다.

"맨날 사고만 나는데, 그깟 중앙선도 지워버리고 가드레일도 치워버리죠, 뭐!"

이 말을 흘려듣던 지자체장 얼굴에 돌연 회심의 미소가 맴돈다. 다음 날 지자체장은 담당 공무원을 불러 마의 곡선 도로에 가로등만 남겨두고 중앙선과 가드레일을 모두 없애도록 지시했다. 아니나 다를까, 이게 먹혀들었다. 이 도로를 지나는 운전자들은 갑자기 신중해졌고 속도를 내지 않았다. 덕분에 교통사고가 대폭 줄었다.

안전장치가 미비하면 사고가 늘 거라는 게 일반인의 통념이다. 이런 상식에 의문을 품고 발상을 뒤집는 순간, 전혀 예상치 못한 해결책과 만날 수 있다.

의문을 품고
　발상을 뒤집는 순간,
전혀 예상치 못한
　해결책과 만날 수 있다.

컵이
가득
차 있다?

06

문득 컵에 담겨 있는 물을 보다가 이런 생각을 한다.

물이 반밖에 없는 것일까?
물이 반이나 차 있는 것일까?

둘 다 틀렸다.
컵은 물 반, 공기 반으로
가득 차 있다.

리프레이밍,
긍정과 가능을 낳는 권력!

사람들은 왜 마스크를 쓰는 걸까?
A: 다른 사람들의 병균으로부터 자신을 보호하기 위해서요.
B: 자신의 병균이 다른 사람들에게 전염되지 않도록 하기 위해서요.

그림인가? 액자인가?

액자가 사건의 단초다. 몇 년 전 오스트리아의 유명 관광지 잘츠부르크를 방문해 좌판 시장을 둘러본 적이 있다. 잘츠부르크성을 배경으로 한 고색창연한 수채화 한 폭이 필자를 유혹해서 결국 15달러를 주고 그림을 구입했다. 귀국 후 연구실 책장 위에 비스듬히 세워뒀다.

많은 사람이 필자의 연구실에 들락거렸지만 그 누구도 그림에 관심을 두지 않았다. 솔직히 조금 섭섭했다. 하루 이틀 시간이 흐르자 필자의 머릿속에서도 그림의 존재가 서서히 잊혔다.

그러던 어느 날, 연말을 맞아 연구실 대청소를 하면서 그 그림에 다시 눈이 갔다. 그림은 여전히 아름다웠다. 그냥 방치하기에는 아깝다는 생각에 표구점에 들러 연륜이 묻어나는 두툼한 황금빛 액자를 사다가 갈아 끼웠다. 배보다 배꼽이 더 큰 투자였다.

다음 날 연구실 오른쪽 벽에 못을 박고 액자를 떡 하니 걸었다. 그런데 이게 어찌 된 일인가! 평소 연구실을 드나들며 그림에 무관심했던 사람들이 갑자기 관심을 보이기 시작했다. "우와~ 멋지다!"라는 탄성을 쏟아내며 가격이 얼마인지, 배경이 어디인지, 어디에서 샀는지, 누가 그린 작품인지 등을 물어왔다.

그러고 보니 이제 필자의 눈에도 뉴욕의 메트로폴리탄 미술관이나 상트페테르부르크의 에르미타주 박물관에서 접했을 법한 그림쯤으로 보인다. 그리고 이때 의문점 하나가 떠오른다!

우리는 평소 그림을 보고 있는 걸까?
액자를 보고 있는 걸까?
아니면 액자를 통해 그림을 보는 걸까?

통상적으로 그림과 사진은 액자를 포함해 하나의 작품이라 한다. 액자를 바꾸는 것만으로 그 작품의 인상이 싹 바뀌기 때문이다. 그냥 둘둘 말려 있거나 서류 봉투 속에 들어 있는 걸 작품이라 부르지 않는다. 비단 그림이나 사진에 한정된 얘기가 아니다. 인간 심리도 마찬가지다. 우리는 세상의 사건이나 사물을 있는 그대로 보고 느끼지 않는다. 그림의 액자, 즉 프레임(frame)을 통해 바라보고 느낀다.

그런 프레임은 종종 타성을 부추기며 발상 전환을 억제한다. 이 때문에 전혀 새로운 프레임이 필요하다. 바로 '리프레이밍(Reframing)'이다. 기존 프레임을 떼어내고 다른 프레임으로 바라보고 느끼는 리프레이밍은 완전히 같은 사건이나 사물을 접하고도 천국과 지옥을 오가게 만든다. 그런 리프레이밍은 발상 전환이라는 싸움에서 승리하기 위해 갖춰야 할 첫 번째 무기다.

- 99%의 불가능은 1%의 가능성!
- 반밖에 없네. vs 반이나 남았네.
- 두 개나 틀렸네. vs 두 개밖에 안 틀렸네.
- 접착력이 뛰어나면 본드, 접착력이 떨어지면 포스트잇!
- 끝나가는 모래시계, 뒤집으면 시작하는 모래시계!
- 후퇴하고 있다. vs 다른 방향으로 진격하고 있다.

모두 발상 전환의 극치를 맛보게 하는 리프레이밍 효과다. 발상 전환은 현실에 대한 철저한 뒤집기와 부정 그리고 또 다른 관점과 해석에서 비롯한다. 통념에 침을 뱉으며 걸음마를 떼라. 리프레이밍으로 실제 사건 자체는 바꿀 수 없지만 새로운 의미 부여를 통해 뇌의 부정적 사고와 단순함을 뒤집어 객관적 사고와 다양성을 불러올 수 있다. 이 때문에 리프레이밍은 발상 전환에 필요 불가결한 요소다.

다음 상황을 상상해보라. 맞은편에서 한 낯선 여성이 걸어온다. 그 여성이 이쪽을 슬쩍 곁눈질하더니 엷은 미소를 짓는다.

A의 생각 (도끼남 스타일)

'저 여자가 날 보고 웃잖아. 혹시 내게 마음이 있는 걸까? 으흠, 기분 좋은데? 바로 작업 들어가 볼까?'

B의 생각 (묻지마 범죄 스타일)

'뭐야. 왜 비웃는 거지? 내 옷차림, 머리 스타일이 이상한가? 아니면 내 얼굴이 우스워? 은근히 기분 나쁜데, 크게 한 방 먹여?'

C의 생각 (열폭 스타일)

'왜 쓸데없이 실실 웃고 그러지? 혹시 머리가 이상한가? 에잇 미친○, 건드려 뭣해. 그냥 모른 척하자.'

D의 생각 (괜한 생각 스타일)

'실제로 웃는 건가? 아니면 원래 표정이 저런 건가?'

이처럼 우리는 동일한 현상을 접하고서도 각자의 프레임을 통해 완전히 다른 생각, 다른 판단을 한다. 색안경, 즉 개개인이 지닌 독자적 프레임을 통해 세상을 보고 느낀다.

그렇다면 왜 사람마다 보고 판단하는 능력이 다른 걸까? 그건 모든

우리는
그림을 보고 있는 걸까?
액자를 보고 있는 걸까?
아니면 액자를 통해
그림을 보는 걸까?

사람의 성장 환경, 지식의 축적 정도, 나아가 관심과 욕망 정도가 다르기 때문이다.

똑같은 '플러스 부호(+)'를 보고도 초등학생은 수학의 덧셈을 떠올리고, 목사와 신부는 십자가를 떠올리고, 의사와 간호사는 병원을 떠올리고, 군기가 바짝 든 훈련병은 가늠자를 떠올린다.

원기둥을 정면에서 보면 사각, 위에서 보면 원. 원뿔을 정면에서 보면 삼각, 위에서 보면 원이다. 보는 각도가 달라지면 이처럼 전혀 다른 모습을 발견한다. 다양한 관점에서 사물을 바라보는 습관을 길러야 한다.

해석 방법에 고뇌하는 인간!

일체유심조(一切唯心造)

세상사 모든 일은 마음먹기에 달려 있다. 만사는 결국 자신의 마음이 지어낸 게 아니던가! 마음이라는 프레이밍을 또 다른 프레임으로 바꾸는 순간(리프레이밍) 모든 게 달라진다. 아니, 달라 보인다.

예컨대 '발목을 심하게 다쳐서 온종일 집안에 처박혀 있다'라는 부정적 사고를 '오랜만에 집에서 푹 쉬며 마음껏 책을 읽을 수 있겠다'처럼 틀을 바꿔 긍정적으로 리프레이밍한다.

어떤 일에 실패했다고 가정하자. 그 결과를 두고 매일같이 '아, 미치겠네. 역시 나는 안 돼'라고 부정적으로만 생각한다면 오랫동안 낙담과 우울증에서 헤어 나오지 못한다. 이런 상황이라면 반드시 리프레이밍이 필요하다. 이럴 땐 다음과 같이 생각해보자.

'지난 일은 어쩔 수 없지. 실패는 성공의 어머니라고 했잖아. 앞으론 절대 같은 실수를 반복하지 말자.'

이렇게 결심하는 순간 마음가짐과 방향은 180도 달라질 수 있다. 또한 "내가 할 수 있는 건 아무것도 없어!"라는 탄식이 절로 나온다면, "현재로선"이라고 한마디만 덧붙여보자. 최악의 상황에서도 "현재로선"이란 짤막한 말 한마디가 엄청난 희망으로 다가온다. 그런 희망을 이어가려면 "그때 그랬더라면" 대신에 "이번에야말로"라는 말을 바꿔 사용하라. 그러고 나면 당신의 배는 볼록 나온 게 아니라, 가슴이 들어갔을 뿐이고, 사과가 땅에 떨어진 게 아니라, 사과가 만유인력으로 땅에 착 달라붙은 것이다.

리프레이밍의 역사는 매우 길다. 무려 2000년 전 고대(古代) 로마시대의 철학자들 사이에서 언급됐을 정도다. 노예 출신이었으나 이를 극복하고 후기 스토아학파의 대가가 된 에픽테토스(Epictetus)는 이런 말을 남겼다.

"사람은 일이나 사물 때문에 고민하는 게 아니라, 그 해석 방법 때문에 고민하는 것이다."

그리고 이런 말도 했다.

"너를 상처 입힐 수 있는 것은 너를 욕하거나 때리는 자가 아니라는 사실을 깨달아라. 그건 오히려 그자들이 너를 상처 입힌다고 여기는 너의 의견이다. 만약 누군가 너를 자극한다면 너를 자극한 것이 너 자신의 견해임을 알라."

로마제국의 16대 황제이자 스토아학파의 대표 철학자인 마르쿠스 아우렐리우스(Marcus Aurelius). 그는 재위 기간의 대부분을 싸움터에서 지냈고 싸움터에서 생을 마감했다. 생사를 건 격렬한 전투를 치르고 돌아온 막사 안에서 그는 짬짬이 글을 썼다. 그의 에세이는 이후에《명상록》이라는 이름으로 출간됐다. 여기에 이런 글이 등장한다.

지금 당신이 어떤 외적인 이유로 고통받고 있다면, 당신을 괴롭히는 것은 외적인 것이 아니라 그것에 관한 당신의 판단이다. 그러나 그 판단은 당신의 생각 하나로 당장 없애버릴 수 있다.

이처럼 고대 로마시대 철학자들은 동일한 사물이나 사건을 두고 그 해석 여하에 따라 얼마든지 자신을 괴롭힐 수도, 마음의 평정을 되찾을 수도 있음을 깨닫고 있었다.

오늘날 기업들이 당면하고 있는 문제(기존 프레임) 역시 리프레이밍을 통해 새로운 가능성을 엿볼 수 있다.

- 기존 프레임: 사업을 확장하려면 더 많은 직원을 뽑아야 한다.
- 리프레이밍: 현재 직원으로 더 많은 고객을 대하는 방법은 뭘까?

- 기존 프레임: 고객을 더 늘려야 적자를 면할 수 있다.
- 리프레이밍: 고객 수보다 고객 단가를 높이는 방법은 없을까?

- 기존 프레임: 시장은 포화 상태, 점유율을 유지하려면 제품 가격을 내려야 한다.
- 리프레이밍: 가격은 유지하면서도 고소득 고객을 끌어들이는 비결은 뭘까?

현재 당면하고 있는 사건을 어떻게 받아들이고 해석하느냐에 따라 느낌이 완전히 달라진다. 눈앞의 불안감이나 부정적 인식에 휘둘리지 말고 이를테면 '정반대로 해석하면 어떨까?', '그 밖에 어떤 의미가 있을까?', '뭔가 플러스가 될 만한 가치나 장점은 없을까?'를 떠올려라. 그러면 문제에 접근하는 방법이 달라져 그동안 인지하지 못했거나 소홀히 다뤘던 부분을 파악해 의외의 해결책을 모색할 수 있다.

새로운 기획을 하려는 데 아이디어가 벽에 부딪혔다면 일단 한걸음 뒤로 물러나라. 그리고 입장을 바꿔 제3자의 시각으로 보고 느껴라. 예컨대, 이렇게 물음을 던져보면 어떨까!

유치원생이라면? 신입 사원이라면? 외국인이라면? 비정규직이라면? 학생이라면? 교수라면? 영업 사원이라면? 고령자라면? 고객이라면? 경쟁사라면? 군인이라면? 아줌마라면? 장애인이라면? CEO라면? 대통령이라면? 삼성전자라면? 구글이라면?

눈높이를 달리하는 순간 당신의 발상도 얼마든 달라지고 넓고 깊어질 수 있다. 이런 리프레이밍을 생활화하려면, 평소 우리가 가지고 있는 세 가지 나쁜 사고를 버려야 한다. 그건 바로 다음과 같다.

첫째, 고정관념에 사로잡힌 사고
둘째, '모 아니면 도'식의 사고
셋째, 무엇이든 쉽게 단정 짓는 사고

리프레이밍을 위해선 냉정하고 객관적으로 사고하는 습관이 매우 중요하다.

발상은 우리의 사명!
역경은 내 삶의 무기!

못생겼기에
미운 오리 새끼가 나왔다!

십 년 뒤, 내년, 아니 내일만 생각해도 숨이 턱턱 막힌다. 무언가에 쫓기듯 열심히 살아가고 있지만 이게 정녕 옳은 길인지 확신이 서지 않아 불안하다. 비단 당신만의 문제가 아니다. 한창 입시 준비를 하고 있는 10대, 스펙 쌓기에 여념이 없는 20대, 사회의 쓴맛을 느끼기 시작한 30대, 일에 목숨을 거는 40대, 이제 슬슬 퇴직을 준비해야 하는 50대…. 모두 마찬가지다.

'누군가는 땅에 떨어져 뒹구는 낙엽을 보고 회사를 그만두었다고 하던데, 나는?'이라는 생각을 해본 적이 있는가! 그렇다면 다음 얘기에 주목해보라.

속박이 있기에 나는 날 수 있다.
슬픔이 있기에 높이 뛰어오를 수 있다.
역경이 있기에 나는 달릴 수 있다.
눈물이 있기에 나는 앞으로 나아갈 수 있다.

성자(聖者) 마하트마 간디의 이런 발상은 파나소닉(옛 이름 마츠시타)을 창업해 세계적인 기업으로 성장시킨 경영의 신 '마츠시타 고노스케(松下幸之助)'의 얘기와도 맞닿는다.

그는 한 인터뷰에서 이런 말을 했다.

"첫째, 집안이 찢어지게 가난했다.
둘째, 최종 학력은 초등학교 4학년 중퇴다.
셋째, 몸이 늘 아프고 연약했다."

이런 조건을 모두 갖춘 사람이라면 대개 절망감에 빠져 살아갈지도 모른다. 하지만 이는 한 신문사 기자가 고노스케에게 "당신의 성공 비결이 무엇입니까?" 하고 던진 질문에 대한 답변이다. 아연했을 기자의 표정이 무척 궁금하다. 성공 비결이 아닌, 실패의 원인처럼 생각되지 않는가?

그는 집안이 찢어질 만큼 가난했기 때문에 일찍이 금전의 고마움을 알았고, 남보다 더 열심히 일했다. 학력이라곤 초등학교 중퇴가 전부기에 주변 사람들의 말에 더욱 열심히 귀기울였고, 어디서든 배움을 청했다. 또한 그의 여덟 형제 가운데 일곱 형제가 결핵으로 사망한 데다, 자신도 오랜 기간 피를 토할 만큼 건강이 좋지 않았다. 그로 인해 부하 직원들을 굳게 신뢰하며 일을 맡겼고, 그 덕분에 직원들이 열심히 일해 세계적인 기업으로 성장할 수 있었다는 강한 메시지다.

음악을 작곡하는 사람에게 소리는 삶의 전부라 해도 과언이 아니다. 그런데 음악가 베토벤은 어느 날 소중한 소리를 몽땅 잃어버렸다. 그럼에도 불구하고 그는 악성(樂聖)으로 거듭났다. 메이너드 솔로몬의 《루트비히 판 베토벤》에 이런 말이 나온다.

소리가 들리지 않는 세상에서 베토벤은 물질세계의 경직성에 영향받지 않고, 마치 몽상가처럼 자신이 바라는 대로 자유롭게 현실을 결합하고 재결합해 이전에는 꿈도 꾸지 못했던 형태와 구조를 만드는 새로운 시도를 할 수 있었다.

아동문학의 거장 안데르센도 말한다.

"내가 못생겼기에《미운 오리 새끼》를 쓸 수 있었고,
우리 집이 가난했기에《성냥팔이 소녀》를 쓸 수 있었다."

한때 유행한 말처럼 '느낌 아니까.' 아무튼 남들에겐 모든 것이 핸디캡으로 비칠 수 있지
만 성공한 사람들에게 그런 핸디캡은 매우 값진 성공의 원동력이었다. 모두 열등감을 자
신감으로 리프레이밍함으로써 발상 전환이 가능했다.
한편 송나라의 학자 정이(程頤)는 누구나 행복이라고 생각하는 게 오히려 불행일 수 있다
며 인간의 세 가지 불행을 언급했다.

어린 나이에 과거에 급제하여 높은 자리에 오르는 것(少年登科)
부모 형제 덕에 좋은 벼슬에 오르는 것(席父兄弟之勢)
뛰어난 재주와 문장력을 가진 것(有高才能文章)
이것이 인생의 세 가지 불행이다.(人生三不幸)

이 가운데 '유고재능문장(有高才能文章)'이라는 말이 가장 절절하게 다가온다. 남보다
재주가 뛰어나고 문장이 출중하면 그 능력만 믿고 나태해져 삶이 불행해질 수 있다. 정이
는 리프레이밍을 통해 후학들에게 경종을 울리고 있다.

열등감은 강력한 무기!

필자는 공고 출신이다. 우리 사회 곳곳엔 공고 졸업자에 대한 편견이 상당하다. 공고를 졸업한 후 들어간 직장에서도 이를 쉽게 감지할 수 있었다.

"얼마나 공부를 못했으면…"
"공고가 지네들 도피처인 줄 알아?"
"공고생들은 3년 내내 책상에 엎드려 잠만 잔다면서?"

몇 년 전에는 남산 자락에 자리한 모 공고가 부유층 주민들의 민원에 밀려 폐교 위기에 몰린 적도 있다. 그러다 보니 공고 졸업자 스스로 공고생이라는 틀 속에 자신을 가둬 버리고 열등감에 빠지거나 주눅이 든다. 필자도 예외는 아니었다. 실제로 '공돌이'란 표현이 이를 잘 내번해주고 있다. 원래 이 용어는 공고를 나와 현장에서 막일하는 이를 지칭하는 차별 용어였다.

경제적 형편 때문에 공고로 진학했는데, 그런 이유만으로 차별을 받으니 무척 억울했다. 그러다 수도권의 작은 대학에서 교편을 잡으면서 어느 순간 이런 생각을 하게 되었다.

'내가 다른 사람들과 차별화할 수 있는 게 뭘까?'

마르고 못생겼다는 외모를 차치하고 필자의 머릿속에 떠오른 건 바로 '공돌이'였다. 이건 분명 교수 사회에서 확실히 차별화할 수 있는 이력이다. 물론 부정적 의미에서 말이다.

'일반 인문계 학교만 나왔더라도 현재 이상의 상식과 동문(네트워크)을 가짐으로써 사회나 조직에서 더 인정받았을 텐데…'라며 지난 과거를 원망하는 게 아니라, 발상을 달리하면 '공돌이'는 나 자신만의 이력이자 개성이 될 수 있을 거라 판단했다.

필자의 책 저자 소개란에도 과감히 "공고를 졸업한 후 한동안 공돌이로 살다가…"라는 프로필을 넣었다. 그러자 책 내용에 대한 강의 요청은 물론, 또 다른 이유로 강의 의뢰가 들어왔다.

"공고를 졸업한 뒤 180도 변신하게 된 그 과정이 궁금하네요."
"회사 대표님께서 교수님의 얘기를 듣고 싶어 합니다."

그때 필자의 가슴속에서 무언가가 뜨겁게 끓어올랐다.

"내 열등감에 관한 내용을 돈까지 지불하며 듣겠다니!"

지금껏 열등감이요, 약점이라 생각했던 것이 어느 순간부터 필자를 어필하는 강력한 무기요, 강점으로 바뀌었다. 이후 필자의 열등감은 말끔히 사라졌다. 이는 타인이 만들어 준 리프레이밍이다.

공고를 나온 사람은 인문계 졸업자에 비해 한발 앞서 다양한 세상을 접하는 경우가 많다. 또한 자신이 원했든 원하지 않았든 공고라는 특수성 때문에 이후의 삶에 누구보다 필사적이다. 이런 점은 오늘날의 필자를 있게 만든 동인(動因)이기도 하다.

놀라지 말라. 필자에게는 여덟 명의 어머니가 있었다. 낳아주신 분은 필자가 아홉 살 때 돌아가셨고, 그후 일곱 분의 새어머니를 순차적으로 맞았다. 아홉 살 때 학교 수업을 마치고 집에 돌아오니 이미 어머니는 병원으로 실려간 상태였고, 며칠 뒤 영혼이 사라진 몸만 쓸쓸히 집으로 돌아왔다. 어머니가 병원으로 실려가기 전날 저녁, 필자는 어머니의 무릎을 베고 누워 투정을 부렸다. 그때 어머니는 돌연 필자에게 이런 말을 했다.

"공부 잘하고 까불지 말고 항상 어른들 말씀 잘 들어야 해!"

평소 입에 담지 않던 의미심장한 당부였다. 여태껏 그 당부가 가슴에 남는다.
일찍이 헤밍웨이는 이렇게 읊조렸다.

"작가의 가장 소중한 자산은
불행한 어린 시절이다."

자칭 '교수라는 직업을 가진 작가' 행세를 하는 필자는 지금껏 국내외에서 30여 권의 책
을 출간했다. 그러나 '원인 모를 동력은 불행한 어린 시절 때문이 아닐까'라고 생각하기엔
아직 갈 길이 멀다. 낙양지귀(洛陽紙貴)의 꿈과 함께.

보상받지 못한
나날들이 실은
가장 보상받은 나날이었다.

자는 게 아니라
또 다른
발상을 위한
휴식 중

07

한 사회생물학자는 이렇게 말했다.
"동물을 관찰하다 보니 인간의 미래도 보인다."
수강생의 태도를 유심히 관찰하다 보니,
그들의 성적이 한눈에 읽힌다?

사실 이들은 자는 게 아니라
잠시 엎드려
진지하게 꿈꾸는 중(?)이다.

관찰, 미래를 향해 두 걸음 앞서 가는 눈!

오직 준비된 자만이 중요한 것을 관찰하는 기회를 잡을 수 있다.
−루이 파스퇴르(Louis Pasteur)

보지 않고 그릴 수 있을까?

지금 당장 손목에 차고 있는 시계를 풀어 눈에 보이지 않는 곳에 놓아 둬라. 시계가 없다면 스마트폰으로 대체해도 좋다. 그런 다음 펜과 종이 한 장을 준비하라. 지금부터 당신의 능력을 시험한다. 시간은 5분이면 족하다.

"당신의 손목시계(스마트폰)를 자세히 그려보라."

시계 외형(사각형 혹은 원형 등)과 그 안에 새겨진 숫자와 브랜드 로고, 문자, 바늘 모양, 줄(색, 무늬) 등을 빠짐없이 그려야 한다.

그럼, 시작!

자, 주어진 5분의 시간이 모두 흘렀다. 생각보다 까다로웠나? 이제 옆에 놓아뒀던 손목시계와 방금 그린 그림을 비교해볼 차례다. 얼마나 차이가 나는가? 실제 손목시계와 그림이 거의 차이 나지 않는다면, 당신은 대단한 관찰력의 소유자다. 반대로 차이가 크게 나거나 제대로 그리지 못했다면 평소 당신의 관찰 습관에 약간의 문제가 있음을 의미한다.

'관찰한다는 것'과 '보는 것' 사이엔 큰 차이가 존재한다. 관찰의 핵심은 특정 사물을 얼마나 자주 접하느냐가 아니라, 얼마나 의문(호기심)과 의식을 가지고 바라보느냐다.

하루에도 수십 번, 일주일이면 수백 번 자신의 손목시계를 보고 있음에도 이를 정확히 그려낼 수 없는 건 시계를 관찰한 게 아니라 그저 바늘(시간)만 바라보았기 때문이다.

'관찰(observation)'은 발상 전환이라는 치열한 전투에서 승리하기 위해 갖춰야 할 두 번째 무기다. 그냥 바라보는 게 아니라 평범한 일상과 장면을 호기심 가득 찬 눈으로 의식하며 사물과 사건을 접하는 것이 바로 관찰이다.

관찰의 사전적 정의는 '사물이나 현상의 실태를 객관적으로 파악하기 위해 주의 깊게 살펴보는 것'이다. 벼락같이 돌연 찾아드는 세상사나 사건은 없다. 모든 일에는 전조(前兆)가 있게 마련이다. 그것을 읽어내는 힘은 관찰에서 나온다.

여기에 더해 발상 전환의 실마리를 찾기 위해선 일상에서 주변 사물이나 현상을 주의 깊게 바라보는 관찰 습관이 요구된다. 특이점은 뭔지, 어떤 점이 좋고 나쁜지, 개선할 내용은 무엇인지 등을 유심히 살펴보고, 듣고, 접하고, 느껴봐야 한다. 그러는 과정 중 문제의 핵심이 되는 내용이나 새로운 사실을 읽어 내는 힘을 가지게 되고, 자기 나름의 관찰 패턴을 매뉴얼로까지 만들어 관찰 습관을 이어갈 수도 있다.

이때 중요한 건 관찰하는 것만으로 끝내선 안 된다는 사실이다. 기록으로 남겨 언제, 어디서든 끄집어내 새로운 발상, 나아가 전환으로까지 연결시킬 수 있어야 한다.

관찰은 남보다 앞서 미래를 접하는 뛰어난 성능의 망원경이자 현미경이다. 그게 비록 늘 마주하는 일상에 대한 관찰일지라도 말이다.

얀 칩체이스와 사이먼 슈타인 하트의 저서 《관찰의 힘》에 이런 말이 나온다.

▶▶ 나는 전문적으로 사진을 찍는 사람은 아니지만 평범한 것을 관찰하는 데는 전문가라 할 수 있다. 어딜 가든 나는 휴대전화로 전화를 거는 모습, 지갑에서 현금이나 신용카드를 꺼내는 모습, 차에 기름을 넣는 모습 등 평범한 사람들이 평범한 물건으로 평범한 일을 하는 것을 관찰하는 데 시간을 쏟는다. 그런 일상화된 것들에서 아직 개척되지 않은 세계 시장의 문을 열어젖힐 도화선을 발견할 수 있기 때문이다. (…중략) 이러한 모든 상황에서 내가 찾는 것은 대부분 사람이 그저 기계적으로 별 생각 없이 하는 행동과 그 행동을 하게 만드는 저변 동기다. 그러다 보니 '왜 저 사람들은 저런 일을 할까?', '왜 저런 방법을 사용할까?' 하는 질문들이 늘 나를 따라다닌다.

대중의 평범한 일상을 관찰하다 보면 우리 범인(凡人)의 생각과 완전히 다른 결과물들이 종종 발견된다. 이런 관찰의 목적은 평범함에서 비범함과 의외성 그리고 가능성까지 포착하는 데 있다.

소소한 팁 몇 가지!

니체는 이렇게 말했다.

"생각은 걷는 자의 발끝에서 나온다."

이제 발끝 소리에 귀 기울여 보자. 그 순간, 동네 골목길이나 산길을 걷다가 무심히 지나쳤던 담장, 나무, 돌, 꽃, 풀, 벌레 등이 눈에 들어온다. 어떤 목적 없이 걷더라도 한 걸음 두 걸음 걷다 보면 그동안 묵혀왔던 새로운 발상이 펼쳐진다. 오가는 이 하나 없는 한적한 시골길을 거닐다가도, 바람이 귓전을 울리는 공원을 거닐다가도, 비 오는 날 골목길을 홀로 배회하다가도 발상과 조우할 수 있다.

걷고 또 걷자. 다만 한 가지! 의식하며 사물을 즐기자. 발로만 걷는 게 아니다. 눈으로도 걷고, 느낌으로도 걷고, 심지어는 앉아서도 걸을 수 있다. 수영장의 넘쳐나는 인파 속에서도, 절로 흥을 돋우는 야구장 응원석에서도, 최근 개봉한 영화를 심취해 있다가도, 갑론을박이 오가는 세미나 참석 중에도, 책장 넘기는 소리만 들려오는 도서관에서도, 산 정상에 올라 막걸리 한 잔을 나누다가도, 연구실에서 향긋한 녹차에 취해 있다가도, 언제 어디에서든 관찰의 끈은 이어질 수 있다.

문제는 평소 당신은 관찰했다고는 하지만 늘 허상(虛像)만 봐왔다는 점이다. 이는 주위를 의문과 의식을 가지고 유심히 바라보는 습관이 부족해서다. 앞서 제시한 '손목시계 그리기'처럼 말이다. 어떤 행동이든 습관이 되려면 두 달 정도의 시간이 필요하다는 연구 결과도 있다. 처음부터 안광(眼光)이 지배(紙背)를 철(撤)할 만큼 빨간 눈을 켜지 않아도 좋다. 우선 소소한 호기심에서부터 관찰 습관을 길러나가자. 머리가 이문화(異文化)를 마음껏 체험하도록 만들어줄 필요가 있다.

생활 속에서 실천으로 옮길 수 있는 팁 몇 가지는 이렇다.

집안

- 창문을 통해 밖에서 벌어지는 일들을 유심히 지켜보라.
- 평소 보거나 듣지 않았던 TV나 라디오 채널을 감상해보라.
- 아이들의 행동과 놀이를 가만히 지켜보라.
- 구글에서 특정 영어 단어의 이미지(image)를 검색해보라.
- 별 관심이 없던 운동(종목)이나 책을 접해보라.
- 집안에 나뒹구는 전자 제품 하나를 완전히 분해해보라.
- 이따금 자신의 직업, 취미와 무관한 것에 주목해보라.

집 밖

- 목 좋은 커피숍 창 쪽에 앉아 오가는 사람들의 표정과 옷차림, 헤어스타일 등을 유심히 살펴보라.
- 성향이 딴판인 두 신문 기사와 사설을 비교하며 읽어보라.
- 서점과 도서관을 늘 친구로 삼아라.
- 컬러풀하고 묵직한 여성 잡지를 넘겨보라.

- 전공과 무관한 책이나 잡지를 읽어보라.
- 전공이나 교양 과정에 개설되지 않은 과목을 청강해보라.
- 이른 새벽 (동대문) 시장에 가보라.
- 버스 창문 너머로 펼쳐지는 전경을 살펴보라.
- 대형 마트에 전시된 각종 상품과 고객 표정을 지켜보라.
- 재래시장을 구석구석 둘러보라.
- 오전(오후) 내내 서울역 구내에 머물러보라.
- 길거리 간판의 디자인과 색깔, 업종 등에 주목해보라.
- 지하철 순환선을 타고 한 바퀴 돌며 승객들이 오가는 모습과 행동을 지켜보라.

인간은 자신만 지켜보고 있어서는 절대 자신을 정확히 알 수 없다. 오히려 자신 밖의 사물에 눈을 돌릴 때 비로소 진정한 자신을 찾을 수 있다. 이와 같은 팁들을 실천으로 옮기는 과정 중 다른 사람에게 이상하게 비치거나 급기야 오해를 받을 수도 있다. 그러다 자칫 실수할지도 모른다. 유별난 사람이라 불리는 것도, 실수한다는 것도 두려워 말라. 중요한 건 지금 당신은 관찰 중이라는 사실이다.

이런 행동(관찰)의 목적은 괴짜 인간이 되려는 게 아니다. 진정한 목적은 발상 전환을 통해 유쾌한 창의적 인물로 거듭나는 데 있다.

관찰은
남보다 앞서
미래를 접하는
뛰어난 성능의
망원경이자
현미경이다.

아침의 나라,
책 읽는
여인

08

조선 시대에 여자가
책을 읽고 글을 쓰기란 쉬운 일이 아니었다.
그럼에도 배우고자 하는 욕구는 남자와 별반 다르지 않았다.
한 여인이 평상에 앉아 행간을 놓칠세라
검지로 짚어가며 책을 읽고 있다.

윤덕희, 〈책 읽는 여인〉

이 여인의 머릿속엔
어떤 세계가 펼쳐지고 있을까?

지식, 세상을 지배하는 원대한 힘!

아무것도 모르는 사람은 아무런 의문도 품지 않는다.
—서양 격언

먹어야 싸고, 입고 신어야 벗는다!

중학교 시험에 자주 출제되는 문제 가운데 하나다. 틀리는 바람에 시험이 끝나고도 주절주절 이 문장을 외워야 했던 독자도 있으리라!

다음에 주어진 문장을 읽고 물음에 답하시오.

少年易老學難成, 一寸光陰不可輕

위 문장의 주제로 가장 알맞은 것은?
① 시간의 소중함
② 노인에 대한 공경
③ 학문의 자세
④ 빛과 그림자의 가치

해석하면 '소년은 늙기 쉽고 학문은 이루기 어려우니, 한시라도 시간을 가볍게 여기지 말라'는 뜻이다. 따라서 정답은 ③번, '학문의 자세'다. 앞 문장은 주희(朱熹)의 〈주문공권학문(朱文公勸學文)〉의 일부다.

오늘 배울 것을 내일로 미루지 말고,(勿謂今日不學而有來日)
올해 배울 것을 내년으로 미루지 말라.(勿謂今年不學而有來年)
해와 달은 가고 세월은 나를 기다리지 않으니,(日月逝而歲不我進)
오호 늙어 후회한들 이 누구의 허물인가?(嗚呼老而是誰之愆)
소년은 늙기 쉽고 학문은 이루기 어려우니,(少年易老學難成)
잠시라도 시간을 가볍게 여기지 말라.(一寸光陰不可輕)

'세월은 결코 나를 위해 기다리지 않으니 시간을 아껴가며 학문하기를 게을리하지 말라'고 강조하고 있다. 도연명(陶淵明)의 시에서도 유사한 구절을 찾아볼 수 있다.

젊은 시절은 거듭 오지 않으며,(盛年不重來)
하루에 아침은 두 번 오지 않는다.(一日難再晨)
때를 놓치지 말고 부지런히 일하라.(及時當勉勵)
세월은 사람을 기다려주지 않는다.(歲月不待人)

'화살처럼 빨리 흐르는 게 우리 인생이고, 인생의 황금기인 젊음은 두 번 다시 오지 않으니 열심히 학문에 정진해 실기(失機)하거나 세월을 헛되이 보내는 일이 없어야 한다'는 강한 주문이다. 그러니 어찌 공부를 소홀히 할 수 있으랴!

재주가 나보다 뛰어난 자는
두려워할 만한 것이 못되나,
(才性過人者, 不足畏)
글을 읽을 때 찾아서 생각하고 미루어서
탐구하는 자는 두려워할 만하다.
(惟讀書尋思推究者, 爲可畏耳)

이는 《소학(小學)》에 나오는 문장이다. '타고난 엘리트보다 배우려 끊임없이 노력하는 자의 마음가짐을 두려워하라'는 뜻이다. 하지만 그런 학문을 하는 게 어디 말처럼 쉽겠는가. 공부 좋아하는 사람 있으면 나와보라 그래! 이런 이유로 '학문에 뜻을 두는 사람은 소털처럼 많으나(學者如牛毛), 학문을 이룬 사람의 수는 기린의 뿔처럼 드물다(成者如麟角)'고 했다.

지식 습득의 끝은 어디일까? 장자(莊子)의 〈양생주편(養生主篇)〉에서 그 힌트를 찾을 수 있다.

우리 인간의 삶은 끝이 있지만,(吾生也有涯)
앎에는 끝이 없다.(而知也无涯)

'인간의 생명엔 한계가 있지만, 무언가를 배우고자 하는 지식 욕구엔 한계가 없다'는 뜻이다. 그런 지식이건만 수명이 무한하진 않다. 어느 시점부터는 쓸모가 없어진다. 지식이란 세월의 흐름과 함께 무의미해지는 영역이 많은 탓이다. 생전 미래학자 앨빈 토플러는 충고했다.

"21세기의 문맹은 읽고 쓸 줄 모르는 사람이 아니라, 배운 것을 잊고 새로운 것을 배울 수 없는 사람이다."

오늘날 문맹이란, 항시 배워야 하고(learn), 기존 지식은 버리고 (unlearn), 새로운 것을 끊임없이 받아들이는(relearn) 능력이 없는 것을 가리킨다. 배우려 하지 않고 낡은 지식을 버리지 않는 사람이 바로 '문맹인'임을 통렬히 지적한다.

뇌리에 새기는 발상 전환의 백미, 독서!

발상 전환이라는 생사를 건 전투에서 살아남기 위해 갖춰야 할 마지막 무기는 '지식(knowledge)'이다. 옥스퍼드 사전에서 지식을 의미하는 영단어 'Knowledge'의 의미를 뒤져보니 이렇게 언급된다.

경험 혹은 교육을 통해 인간이 획득한 사실과 정보 그리고 전문적인 기능, 어떤 주제에 대한 논리적 또는 실용적인 이해.

이런 지식은 발상 전환을 꿈꾸는 사람에겐 무엇과도 바꿀 수 없는 소중한 요소다. 지식, 즉 지적 체력과 토대 없이 텅 빈 머리를 쥐어짠다고 새로운 발상과 전환이 이뤄지는 게 아니기 때문이다. 출력(output) 능력을 높이려면 입력(input) 양을 늘리는 것이 그 출발이다. 입력의 절대량이 적으면 출력 양도 당연히 줄어든다. 그것이 바로 자연의 섭리다.

지식이라고 다를까! 우리는 정확히 자신의 지식만큼만 보고, 느끼고, 판단한다. 지식과 정보는 많으면 많을수록 발상과 그 전환에 절대 유리하다. 그렇다면 지식은 차고 넘쳐야 옳다. 그래야 선택지가 많아져 리프레이밍도, 관찰하는 능력도 본연의 기능을 발휘할 수 있다. 한마디로 "당신 지식의 한계가 당신 발상 전환 능력의 한계다"라고 바꿔 말할 수 있다. 지식에 목말라하는 사람일수록 발상 전환을 위한 충분조건을 갖추고 있는 셈이다.

지식의 반감기(半減期)는 무척 짧다. 특정 지식이 무용지물이 되는 속도는 시간이 지날수록 빨라지고 있다. 2050년엔 현재 지식의 1%만을 사용할 수 있을 것이라는 전망도 있다. 어쩌면 1%가 아니라 0.1%일지도 모른다. 변화 속도는 우리가 상상하는 것 이상으로 빠르고 지식 양은 기하급수적으로 증가하고 있어서다. 기존 지식은 시간과 더불어 아무짝에도 쓸모없는 죽은 지식으로 바뀌고 있다.

그렇다면 죽어가는 지식을 대체할 새로운 지식이 끊임없이 업그레이드돼야 한다. 누가 뭐래도 독서를 통해 지식을 쌓고 안목을 넓히는 게 상책 중의 상책이다.

누군가 뉴턴에게 성공 비결을 물었다. 뉴턴의 대답은 이러했다.

> "내가 오늘날과 같은 업적을 남길 수 있었던 가장 큰 이유는 거인의 어깨 위에 올라서서 더 넓은 시야를 가지고 더 멀리 볼 수 있었기 때문입니다."

뉴턴은 선대 과학자들의 업적을 거인에 비유했다. 독서는 인간이 축적한 지식을 언제든 손에 넣을 수 있는 가장 쉽고 확실한 방법이다. 거인의 어깨에 올라서는 가장 빠르고 효과적인 방법은 단연 독서다.

백문불여일견(百聞不如一見)이라 했다. 백 번 듣는 것보다 한 번 직접 보는 게 낫다. 그러나 한 인간에게 주어진 시간은 유한하다. 그렇다면 간접 경험을 통해 얻는 지식이 우리 삶의 대부분을 차지할 수밖에 없다. 특히 지나가버린 시간과 직접 대면하거나 경험한다는 건 애당초 불가능하다.

하지만 독서는 시공을 초월해 현자와 만나 나누는 훌륭한 대화의 장이 될 수 있다. 그런 까닭에 책은 최고의 지식 창고다. '백견불여일독(百見不

如一讀)'일지니, 독서는 발상 전환이라는 갈증을 해소시키는 최고의 샘물이라 하겠다.

일이 너무 바빠 좀체 독서할 시간이 없다고? 그럴 때일수록 책을 읽어야 한다. 독서는 새로운 영감을 주기도 하고, 일을 신속하고 효율적으로 추진하기 위한 비결을 제시해주기도 한다. 결국 현재의 당신과 10년 후의 당신 사이에 차이를 만들어주는 건 다름 아닌 당신이 읽은 책이다.

일본의 유명 비즈니스지《PRESIDENT》는 2009년 4월 특집 기사에서 연 수입 1,800만 엔인 사람과 600만 엔인 사람의 독서량을 비교했다. 그 결과, 놀라운 사실이 밝혀졌다. 연수입 600만 엔인 사람은 매월 2.5권의 책을 읽는 반면 연 수입 1,800만 엔인 사람은 매월 5.4권의 책을 읽고 있었다.

두 배의 독서량 차이가 연 수입에서는 세 배의 차이를 가져왔다. 이게 바로 독서의 힘이 아니고 무엇이겠는가!

역사학자 바바라 터크만(Barbara Tuchman)은 책을 이렇게 묘사했다.

"책은 문명의 전달자다. 책 없이는 역사는 침묵하고, 문학은 벙어리며, 과학은 절름발이고, 사상과 사색은 정체된다. 책이 없었다면 문명의 발달은 불가능했을 것이다. 책은 변화의 동력이고, 세상을 내다보는 창문이며, 시간이라는 바다에 세워진 등대다. 책은 동반자이고, 스승이고, 마술사며, 마음의 보물을 관리하는 은행가다. 인류를 인쇄한 것, 그것이 바로 책이다."

지하철 안이나 버스 등지에서 책을 읽는 사람을 찾기란 힘들 지경이다. 조만간 그런 사람을 가리켜 천연기념물이라 희화(戱畵)화하게 될지도 모른다.

"으음, 잘 모르겠는데. 스마트폰으로 검색해봐!"

질문을 받고 애매하다 싶으면 우리는 이렇게 내뱉는다. 스마트폰 덕분(?)에 기억하는 전화번호 수는 이전보다 수십 분의 1로 줄었고, 방향감각은 거의 상실 지경이다. 이젠 주인의 행동까지 조종하려 든다. 그러다 스마트폰이 발상까지 지배하는 날이 닥칠까 두렵다. 지식은 머리에 저장돼 있을 때 비로소 내 것이다. 발상 전환을 꿈꾼다면 그 시발점은 필시 '두뇌 속 지식'이다. 독서를 좋아하는 사람에게 호기심과 관찰력, 발상이 풍부한 것에는 다 이유가 있다.

다빈치와 미켈란젤로, 지식을 탐하다!

몸을 알아야 누드를 그린다!

르네상스의 천재 예술가 미켈란젤로. 그가 조각한 5.49m의 거대한 '다비드상'은 막 돌을 던지려고 하는 다윗의 긴장된 모습과 강렬하고 도전적인 시선 그리고 발달된 근육 등이 잘 표출되어 있다. 그 세밀함에 놀랄 지경이다. 돌산에 묻혀 있던 거친 돌덩이는 미켈란젤로의 손을 통해 불후의 생명체로 탄생할 수 있었다.

그런 세밀함이 가능했던 건 인체 구조를 이해하려고 부단히 애를 쓴 미켈란젤로 의 지식 욕구에서 비롯됐다. 그는 이전 의 어떤 화가도 표현하지 못했던 미세한 근육 하나하나의 움직임까지 정밀하게 포착했다. 몸의 근육만이 아니라 표정까 지도 다양하고 풍부하게 그려냈다. '최 후의 심판'에 등장하는 391명은 저마 다 다른 표정을 짓고 있다. 감탄을 금할 길이 없다.

다비드 / 이탈리아 피렌체
르네상스 시대의 예술가 미켈란젤로가 1501~1504년
에 제작한 대리석 조각 작품이다.

빈센트 반 고흐, 미켈란젤로, 지그문트 프로이트 등과 같은 위인들의 파란만장했던 삶을 탐구해 소설로 남긴 사람이 있다. 미국 작가 어빙 스톤(Irving Stone)이 그 주인공이다. 미켈란젤로가 부딪히는 세파와 자신과의 갈등을 자세히 그린 스톤의 소설《고뇌와 환희 (The Agony and The Ecstasy)》에는 인체의 구조를 이해하려는 미켈란젤로의 욕구를 묘사한 대목이 등장한다.

조각가는 동력의 원인을 이해하지 않고서는 움직임을 창조해낼 수 없으며, 몸 안에서 작용하는 섬유 조직을 모두 보기 전에는 긴장 과 갈등, 드라마, 압박, 힘 등을 표현할 수 없다.

실제로 미켈란젤로는 아무도 없는 지하실에 몰래 들어가 신선한 시체를 검시하고자 자신 의 목숨까지 내걸었다. 미켈란젤로가 시체를 구하러 다니는 장면이다.

"요즈음 누가 인체 해부를 하는지 아시나요?"
"아니오! 시체를 난폭하게 다루었다가 어떤 처벌을 받는지 모르세요?"
"평생 추방 아닌가요?"
"사형입니다."
미켈란젤로는 잠시 침묵하다가 이렇게 말했다.
"기꺼이 위험을 감수하겠습니다. 어떻게 하면 시체를 구할 수 있을까요?"

그는 갖은 고통과 위험을 감내하며 자신의 창의적 영감을 실천에 옮기기 위해 자신의 모든 것을 걸었다. 예술은 대체 뭐고 창의적 발상은 또 뭔가? 진정 자신의 목숨과 바꿀 만큼 가치가 있단 말인가? 지식을 갈구하는 한 천재의 처절한 단면을 엿볼 수 있다.

모나리자 탄생의 비화!

이탈리아의 화가이자 건축가로 르네상스 시대 예술가들의 전기를 쓴 조르조 바사리
(Giorgio Vasari)가 레오나르도 다빈치를 이렇게 표현했다.

"우리는 이따금 자연이 하늘의 기운을 퍼붓듯, 한 사람에게 엄청난
재능이 내리는 것을 본다. 그런 사람은 하는 일조차 신성해서 뭇사
람이 감히 고개를 들 수 없으니 오직 홀로 밝게 드러난다. 또 그가
내는 것들은 신이 손을 내밀어 지은 것과 같아서 도저히 인간의 손
으로 만들었다고 보기 어렵다. 레오나르도 다빈치가 바로 그런 사
람이다."

이 이상의 찬사가 존재할까? 다빈치는 미켈란젤로보다 23년 먼저 세상에 태어났다. 그
역시 30여 구의 유체(遺體)를 해부했고, 그 결과 750여 점에 이르는 해부도와 해부 수첩
을 남겼다.
와타나베 레이코의《레오나르도 다빈치의 식탁》에 이런 글이 있다.

혈관에 관한 정확하고 완전한 지식을 얻기 위해 나는 10구 남짓한 인체를 해부하면서 모
세혈관에서 나오는 눈에 보이지 않는 피 외에는 조금의 출혈도 일으키지 않도록 혈관 주
변에 있는 살을 미세한 조각까지 모두 제거했다. 그러나 시체 한 구만으로는 오랫동안 해
부하기에 충분하지 않기에 차츰 더 많은 시체로 해부를 계속해야 했다.

르네상스 예술가들이 인체 해부에 많은 흥미를 느꼈듯 다빈치 또한 강렬하고 끈질긴 탐구
심을 숨기지 않았다. 그런 탐구 정신은 인류 역사상 가장 먼저 비행기를 고안한 과학자로
기록되는 영예를 안았다. 〈모나리자〉와 그 신비스러운 미소도 불쑥 그냥 나온 게 아니다.

지식을 탐하는 강력한 동인(動因)이 창의와 발상의 천재를 탄생시켰다.

다빈치와 미켈란젤로 두 사람 사이에 비록 나이 차이는 존재했으나, 두 사람은 동시대를 살며 실력과 자존심 대결을 펼친 경쟁자이기도 했다. 그런 와중에 상대방에 대한 원망과 질시, 충돌도 있었다. 실제로 다빈치는 죽기 전에 꼭 봐야 할 명화 가운데 하나로 꼽히는 미켈란젤로의 시스티나 예배당 천장화를 가리키며 "청년 몸과 노인 몸을 구분하지 않고 근육과 윤곽을 똑같이 그렸다"고 비난하기도 했다.
아무튼 서로 좋은 경쟁자를 가진 덕분에 두 사람의 실력과 발상은 배가될 수 있었고, 덕분에 우리는 그들이 남긴 역작을 보며 큰 감동과 영감을 얻고 있다.

모나리자 / 레오나르도 다빈치 그림
1503~1506년 제작, 패널화, 77×53cm,
파리 루브르미술관 소장.

PART

2

일상에서
접하는
발상 전환

TV 프로그램 〈개그콘서트〉 속 한 코너의 상황이다.

사회자가 이렇게 말한다.

"스마트폰에 장시간 노출될 경우 자신도 모르는 사이 폭력적으로 변한다는 사실, 여러분은 알고 계십니까? 폭력 전과자 100명 중 98%가 스마트폰을 만져본 적이 있다고 합니다."

실제로 그런지 알아보고자 스마트폰으로 한 행인의 빰을 때린다. 행인과 때린 사람 사이에 싸움이 벌어진다. 이를 지켜보던 사회자는 "놀라울 따름입니다"라며 스마트폰은 폭력과 밀접한 관계가 있다고 규정짓는다.

넓은
초원을 거닐다
한 오누이에
꽂히다

01

초원을 횡단하다 만난 오누이!
카메라를 내밀자 오빠가 여동생을 번쩍 들어 올린다.
오누이의 얼굴에 소박함과 싱그러움, 사랑스러움이 묻어난다.
찌든 도시인에게선 좀처럼 느낄 수 없는 아련함 그 자체다.

발상도 이처럼 때 묻지 않은
순수함에서 비롯된다.

당신만 몰랐던 **상징성!**

나를 남과 다르게 만드는 것들이 바로 나를 만드는 것이다.
– 영국 작가 앨런 밀른(Alan Alexander Milne)

뜨거운 발상, 로고에 담겨 있다!

대부분 사람은 기업 로고(logo)에 얼마나 기막힌 상징성이 담겨 있는지
잘 알지 못한다. 응당 그래야 하겠지만, 기업 로고에는 우리가 미처 깨닫
지 못한 심오하고 흥미로운 스토리와 메시지가 넘쳐난다.

토블론(Toblerone)이라는 브랜드를 아는
가? 대형 마트나 공항 면세점에서 쉽게 접할 수 있
다. 토블론은 스위스를 대표하는 초콜릿이다.
그 로고엔 간과하기 쉬운 동물 한 마리가 디
자인되어 있다. 주인공은 바로 무시무시
한, 아니 귀여운 곰(bear)이다. 산 모양

의 그림을 자세히 들여다보면 그 속에 곰의 음영이 숨어 있다. 많고 많은 동물 가운데 왜 하필 곰일까? 이 초콜릿의 생산지인 스위스 베른이 '곰의 도시(city of bear)'로 불리기 때문이다.

전자 회사 바이오(VAIO)의 로고를 짚어보자. 참고로 바이오는 2014년 소니(Sony)의 PC 사업부에서 독립한 회사다.

물결치는 듯 표현된 알파벳 'V, A, I, O'를 보라. 앞의 두 일파벳 V와 A는 아날로그 신호를 형상화한 것이고, I와 O는 1과 0, 즉 디지털을 의미한다. 과거 아날로그 시대의 최강자라는 영예를 디지털 시대에서도 이어가겠다는 강한 야망을 내비친다.

이번엔 페덱스(FedEx)의 로고를 살펴보자. 프레드릭 스미스 (Fredrick Smith)는 어린 시절부터 지구촌 어디에서든 하루 만에 소포가 배달되는 걸 꿈꾸었다. 그는 대학 기말시험 때 미국 내 인구 밀집 지역에 수하물 집결지인 허브(hub)를 만들고 모든 화물을 그곳에 집결시킨 뒤 자전거 바퀴살(spoke) 모양으로 미국 전역에 배송하겠다는 내용의 리포트를 제출했다. 그러나 담당 교수는 실현 가능성이 없다는 이유로 'C'라는 평가를 내렸다.

하지만 그는 굴하지 않고 사회인이 된 후 자신의 리포트를 현실화시키기 위해 노력했다. 그는 물류는 두 지점을 최단 거리로 연결하는 게 최선이라는 일반인들의 고정관념을 단숨에 깨버렸다. 그 결과, 오늘날 페덱스는 물류 산업 혁신의 대명사로 불리고 있다.

페덱스의 로고를 자세히 들여다보라. 대문자 E와 X 사이에 숨겨진 화살표가 보이는가? 이는 페덱스의 업무 속성을 잘 드러낸다. 그렇다면 화살표는 어떤 의미를 담고 있는 걸까? 첫 번째는 신속함(speed)을, 두 번째는 정확성(accuracy)을 뜻한다. 이른바 페덱스 로고는 고객으로부터 의뢰받은 물건을 신속하면서도 정확하게 배달하겠다는 의지를 담고 있다.

다음은 아마존(Amazon)의 로고다. 아마존은 전자상거래가 본격적으로 부상하기 시작한 1994년에 제프 베조스(Jeff Bezos)가 세계 최초로 만든 인터넷 서점이다. 현재는 세계 최대의 인터넷 서점인 동시에

amazon

종합 쇼핑몰로 변신했다.

로고 하단에 노란색 화살표가 보인다. 여기엔 두 가지 의미가 들어 있다. 첫 번째는 스마일(smile)을, 두 번째는 a에서 z, 즉 전 세계 모든 상품을 취급하겠다는 의미다. 이처럼 인터넷 서점을 넘어 종합 쇼핑몰로 자리매김하겠다는 원대한 꿈을 로고를 통해 표출하고 있다.

이번엔 선마이크로시스템즈(Sun Microsystems) 로고를 살펴보자.

이 회사에서 어떤 제품이 출시되는지, 어떤 서비스가 제공되는지 잘 알지 못하지만 그 이름은 한번쯤 들어보았을 거다. 특히 IT 붐이 절정기였던 1990년대 후반부터 2000년대 초반까지 각종 언론에 이 회사의 이름이 회자되곤 했다.

약간의 보조 설명을 하면 컴퓨터, 소프트웨어, 정보 기술을 개발 및 제공하는 회사로, 1982년에 빌 조이(Bill Joy)에 의해 설립되었다. 이 회사는 지난 2010년에 오라클에 합병되었다.

이 회사의 로고 'SUN'을 보라. 왼쪽의 다이아몬드형 심벌에 네 개의 'u'와 'n'이 교차된 블록이 보인다. 유심히 보면 모두 대문자 'S'를 형상화하고 있다. 위에서 아래로, 아래에서 위로, 왼쪽에서 오른쪽으로, 오른쪽에서 왼쪽으로! 어떻게 읽어도 모두 SUN이 된다. 재치 넘치는 기발한 디자인이다.

이어 노스웨스트항공(Northwest Airlines)의 로고를 보자. 방향을 알리는 나침반이 하나 들어 있다. 그 나침반이 가리키는 방향이 어디인지 맞춰보라. 회사 이름을 일깨우기라도 하듯 바늘은 '북서쪽'을 가리킨다. 유감스럽게도 이 회사는 지난 2008년 델타항공에 합병되었다.

'세븐일레븐'의 숨은 비밀

누군가 콕 집어주지 않으면 평생 모르고 살 수도 있는 비밀을 간직한 로고가 있다. 주인공은 바로 세븐일레븐(7-Eleven)이다.

세븐일레븐은 1927년에 미국 텍사스주 달라스시의 사우스랜드 제빙 회사(Southland Ice Co.)에서 출발했다. 처음엔 편의점이라는 현재의 모습과 사뭇 달랐다. 1946년부터는 영업 시간을 아침 7시에서 밤 11시로 늘림과 동시에 체인점 이름을 '세븐일레븐'으로 변경했다. 그러면서 아래와 같은 로고가 만들어졌다.

그러다 1970년에 다시 로고가 바뀌었다. 이렇게 탄생한 세븐일레븐 로고가 현재까지 사용되고 있다.

세븐일레븐 로고에는 의문 하나가 존재한다. 혹시 그게 뭔지 아는가? 일단 로고를 자세히 살펴보라. 1946년부터 1970년까지 사용한 로고와 1970년부터 현재까지 사용하고 있는 로고

에 한 가지 다른 점이 있다.

로고 외곽의 원형이 사각형으로 바뀌었다고? 그게 아니면 숫자 '7'의 꺾이는 부분이 둘로 나눠지면서 색이 주황과 빨강, 두 가지로 바뀌었다고? 아니다. 더 자세히 들여다보면 규칙성(?)을 깨는 뭔가가 하나 보인다. 바로 '7 ELEVEN'이 아니라 '7 ELEVEn'으로 되어 있다는 사실이다. 일레븐의 영문 마지막 글자 'N'이 소문자 'n'으로 표기돼 있다. 그렇다면 왜 마지막 알파벳 하나만 소문자로 되어 있는 걸까? 궁금하지 않은가?

그 의문점에 대한 답변이 세븐일레븐의 일본 본사 홈페이지에 나온다. (2005년에는 미국 기업이던 세븐일레븐을 일본 기업이 주식을 전량 매입하면서 일본계 기업이 됨.) 어째서 소문자 n으로 끝나는지 궁금해하는 사람이 많아 본사에서 미국 담당자에게 질문을 했다고 한다.

"왜 한 자만 소문자 n으로 표기된 것입니까?"

미국에서 보내온 답변은 이러했다.

"로고를 디자인한 담당자가 퇴사를 해서 알 수 없습니다."

'별다방' 짝퉁 로고?

다음 로고를 보라. 색감이나 디자인 측면에선 매우 익숙한 로고지만, 어딘가 좀 엉뚱하고 이상하다. 별다방의 짝퉁? 대체 어떤 기업의 로고일까?

실은 스타벅스의 로고다. 다만, 사우디아라비아의 특정 지역에 한정돼 사용되는 로고란다. 무슬림이 주류인 사우디아라비아의 메카(Mecca)에선 긴 머리를 늘어뜨린 누드 모습의 사이렌 디자인은 부적절해 보여 기존 로고에서 뺐다고 한다.

서둘러 치부를
감춰야 하는
까닭

02

두 명의 여학생이 치부를 감추려는 듯
황급히 다리 사이로 치마를 밀어 넣고
상당히 불쾌한 표정을 짓고 있다.
대체 두 여학생에게 어떤 일이 벌어진 걸까?

오른쪽 아래에 'Nugget'이라는 브랜드 로고가 적혀 있다.
이는 구두약 광고다.
얼마나 반짝반짝 윤이 났으면 그랬을까?

무슨 상황인지 이해가 되는가?

광고, **발상 전환**의
치명적 매력!

농부: 해는 앞산에서 떠올라 뒷산으로 진다.
어부: 해는 이쪽 바다에서 떠올라 저쪽 바다로 진다.
도시인: 해는 앞쪽 아파트에서 떠올라 뒤쪽 아파트로 진다.

특명, 뇌를 설득하라!

누군가는 광고(advertising)를 이렇게 압축적으로 표현한다.

'뇌 설득의 예술!'

필자는 광고의 의미를 이렇게 생각한다.

'발상 전환의 산물!'

따지고 보면 광고만큼이나 창의력과 발상을 마음껏 시험할 수 있는 잣
대도 드물다. 광고에 잠재되거나 드러나는 메시지는 하나같이 창의와 발

상의 정수(精髓)다. 그래서 광고는 발상 전환과 떼려야 뗄 수 없는 관계다.

　아래 네 장의 광고 사진을 보라. 그리고 각각 어떤 제품을 광고하는 건지 맞춰보라.

구두? 바지? 스쿠터? 레스토랑?
접시? 테이블? 양산? 의류?

모두 정답이 아니다. 그렇게 쉽게 의미를 파악할 수 있는 광고라면 애당초 거론조차 하지 않았다. 네 장의 광고 사진은 그냥 봐서는 대체 무슨 제품을 광고하는 건지 도무지 감을 잡을 수 없다. 간접적으로 '이 제품 사세요' 하는 카피(copy) 한 줄조차도 없다.

정보는 왼쪽에서 오른쪽으로 배치하고 설명하는 편이 뇌 설득과 이해에 도움이 된다. 그렇다면 왼쪽 위의 광고부터 상황을 설명해보자.

갈색 구두에 흰 양말 그리고 바지를 입은 한 남성이 카펫 위에 서 있다. 뒤쪽엔 출입문이 보인다. 지인의 집을 방문해 막 들어선 순간처럼 보인다. 물론 진실은 아무도 모른다. 다만 눈에 들어오는 것은 남성의 하반신이다. 그것이 전부다. 보이는 정보가 극히 제한적이어서 어떤 제품의 광고인지 쉽사리 판단이 서지 않는다. 다만, 한 가지 이목을 끄는 게 있다면 바지의 주름이 크게 잡히며 양말이 드러날 만큼 치켜 올라가 있다는 사실이다. 그런 까닭에 7부 바지처럼 보이기도 한다.

다음은 그 오른쪽 광고에 대한 설명이다. 한 남성이 스쿠터를 몰고 있다. 뒷좌석엔 여성이 유난히 짧은 원피스를 입고 앉아 있다. 특이점이라면 뒤에 앉은 여성이 남성과 같은 방향이 아닌 등을 맞대고 있다는 점이다. 이런 자세로 오토바이를 탄다면 꽤 위험할 테고, 분명 교통 경찰관들의 적발 1순위일 것이다. 그런 위험까지 무릅쓰고서 이런 자세를 취했다면 우리가 모르는 사연이 있을 법한데, 그게 과연 뭘까?

왼쪽 아래의 광고를 보자. 긴 테이블 위에 새하얀 접시가 두 장씩 놓여 있다. 자줏빛 쿠션 의자도 보인다. 테이블 끝엔 접시 둘 사이로 물 컵도 하나 놓여 있다. 컵 위치가 수상하다. 이 광고에서 유독 균형을 깨는 장면이 하나 있다. 왼쪽 테이블 가운데 놓인 접시 두 장이 안쪽으로 밀려나 있다. 왜 이런 걸까?

이제 마지막으로 오른쪽 아래 광고를 보자. 체크무늬 원피스를 입고 양산(우산)을 쓴 여성의 뒷모습이 보인다. 양손엔 방금 구입한 듯 보이는 쇼핑백이 여러 개 들려 있다. 의문 하나가 곧바로 뇌리를 스친다. 대체 양산은 어떻게 들고 있는 걸까? 팔이 세 개는 아닐 테고, 목과 어깨로 고정한 걸까? 그렇다고 하기에는 양산을 너무 제대로 들고 있다. 바로 그 점에 힌트가 숨겨져 있다.

이 정도 설명이면 광고 제품을 눈치챈 독자도 제법 있을 것 같다.

재차 묻는다.

"네 장의 사진은 각각
어떤 제품을 광고하고 있는 걸까?"

필시 무릎을 치리라!

"보이는 것만 믿으세요."

문득 한 투자사의 TV 광고가 생각난다. 필자가 탐탁지 않게 여기는 카피 중 하나다. 앞서 제시한 네 장의 광고 사진이 눈에 보이는 것만 언급했다면, 우리 발상은 구두, 바지, 스쿠터 등의 수준을 벗어나지 못한다.

자, 여기서 결정적인 힌트! 네 장의 광고 사진은 모두 동일한 제품의 광고다. 이쯤 되면 "아하, 그렇지!" 하고 손뼉을 치는 고단수 독자도 있을 법하다. 반면 "도통 뭔 소리를 하는 거야?" 하며 고개를 갸우뚱거릴 독자도 있을 테고.

위 광고들은 모두 '브래지어' 광고다. 광고하는 제품, 즉 푸시업 브라(push-up bra)를 착용하면 여성의 가슴이 엄청(?)나게 커진다는 것(보정)을 코믹하게 보여주고 있다.

스쿠터에 올라탄 남녀의 모습 속에서 여성의 새하얀 원피스를 유심히 살펴보라. 여성 원피스에 두 줄의 깊은 주름이 잡혀 있는데, 그건 큰 가슴 때문이다. 여성이 위험을 무릅쓰고 역방향으로 앉을 수밖에 없는 까닭은 큰 가슴이 원인이다.

또한 접시가 테이블 안쪽으로 밀려난 이유는 잠시 뒤 차려질 진수성찬을 맛보려면 접시를 거대한 가슴으로 가려선 안 되기 때문이고, 두 손에 짐을 잔뜩 들고도 양산을 쓸 수 있는 건 큰 가슴 사이로 고정이 가능해서다.

끝으로 구두를 신은 한 남성의 하반신만 클로즈업한 광고는 대체 뭘 의미하는 걸까? 남성의 바지가 7부인 양 위로 치켜 올라가면서 주름 잡힌 이유를 떠올려보라. 세상의 수컷이라면 이유를 군이 설명하지 않아도 그 느낌을 잘 안다. 물론 암컷들도. 어딘가 참 야(野)하다.

대놓고 특정 신체 부위를 클로즈업해 직접적으로 말초신경을 자극하는 것보다 관찰자의 발상을 총동원하게 만드는 기법이 훨씬 더 창의적인 광고는 아닐까! 위 네 장의 광고 사진은 그런 인간의 본능을 창의적으로 소화시킨 사례라 하겠다.

만약 당신이 직장이나 학교, 가정 등지에서 발상의 벽에 부딪혀 한 발도 내딛기 곤란한 상황에 처했다면, 세상의 다양한 광고를 가급적 자주 그리고 많이 접해보라. 광고는 창의적 발상으로 나아가게 만드는 강력한 동력을 지녔다.

끊임없이 아이디어를 짜내고 혁신을 시도하며 시장 개척을 위해 고군분투 중이라면 광고를 통해 영감을 얻어라. 요샛말로 '넘사벽(넘을 수 없는 사차원의 벽)'과 같은 막막함도 타파 가능하다.

광고 속에 숨겨진 코드 하나하나는 발상 전환에 목말라 동서남북 여러 갈래의 길에서 헤매는 우리에게 훌륭한 나침반이 된다.

5+5+5=550

아하, 이런 발상도 가능하구나!

선생님: 숫자 8을 반으로 나누면 뭐가 될까?

학생: 가로로요? 세로로요?

선생님: 그게 무슨 말이야?

학생: 세로로 나누면 3이 되고요, 가로로 나누면 0이 되잖아요. 4가 되기도 하고요.

그렇다면, 질문!

13을 반으로 나누면 무엇이 될까?

학습 효과를 살려 가로로 혹은 세로로 나눠보지만 8처럼 딱 떨어지는 것이 없다. 결국 산술적 정답 '6.5'나 '6과 2분의 1'을 떠올리는 걸로 만족한다.

한편으로 이른바 창의적 발상의 주인공들은 세상의 갖은 확신에 대해 늘 약간 혹은 다분한 의구심을 가지고 접근한다. 과거 지식이나 경험에 얽매이는 대신 자신만의 사고로 재해석하려는 경향이나 의지가 누구보다 강하다.

그렇다면 앞서 제시한 질문 '13을 반으로 나누면?'에 대한 답변을 또 다른 관점으로 해석해보자. 창의력 전문 컨설턴트 마이클 미칼코(Michael Michalko)가 제시한 답은 이랬다.

6.5
6과 2분의 1
thir와 teen = 4 (각각 4자씩 나눌 수 있음)
13 = 1, 3
XIII = 11, 2
XIII = 8, 8 (수평으로 나누면 위가 VIII이 되고 아래가 VIII이 됨)

13의 반은 '●●●●●●◐'이다!

미칼코가 우리말과 한자를 알았다면 이런 식의 발상을 했을지도 모른다. 물론 이는 필자의 단상(斷想)이지만 말이다.

십삼 = 십, 삼
십삼 = 7(각각 7획으로 나눌 수 있음)
sib와 sam = 3(각각 3자씩 나눌 수 있음)
십삼 = 시사, 1 12
열셋 = 열, 셋(세는 법)
써틴(thirteen) = 써, 틴
十三 = 十, 三
十三 = 2.5(모두 5획임)
拾參 = 拾, 參(금액 기재 시 쓰는 표기임)

그 외에도 13을 이진수로 표현하면 '1101'이다. 그러므로 그 반은 '11, 01'이 될 수도 있다. 그렇다면 '110.1'은 어떨까? 110.1은 바로 6.5를 이진수로 나타낸 것이다.

13은 사전적으로 이렇게 정의될 수 있다. '12보다 크고 14보다 작은 자연수' 그렇다면 이런 13을 반으로 나누면 '자연수 6과 7의 정중앙에 있는 소수'라고 표현될 수도 있겠다. 또한 모든 것을 숫자나 글자로만 나타낼 게 아니라 시각적 이미지, 즉 그림(시각화)으로 표현할 수도 있다.

이를테면, 13의 반을
'●●●●●●◖(1+1+1+1+1+1+0.5)'
이라고 나타내는 거다.

옛말에 '시작은 반이다'라는 말이 있다. 그렇다면 13을 반으로 나누면 '13'이다. 어째서? '시작은 반이다'에서 그 시작이란 숫자 맨 처음을 의미하는 '1'이 될 것이고, 한편으로 1(시작)이 '반'이기도 하다. 고로 13을 반(1)으로 나누면 13이 될 수밖에.

이처럼 13이란 숫자의 반이라는 주제 하나를 두고도 이렇게 다양한 발상을 할 수 있다. 바로 이게 인간이 가진 창의적 발상 능력이 아닐까?

발상 전환의 준비가 되었다면, 다음 문제도 풀어보라.

$$5 + 5 + 5 = 550$$

한 개의 직선을 추가해 앞의 등식이 성립되도록 만들어라. 약간의 고민을 거듭하다 등호에 직선 한 개를 추가(≠)하는 답을 떠올린다. 이것만으로도 큰 발상 전환이다.

그렇다면 또 다른 답은 없을까?

$$5 + 5 + 5 = 550 \longrightarrow 545 + 5 = 550$$

즉 첫 번째 더하기(+)에 왼쪽 위 45도로 비스듬하게 직선 한 개를 긋는다. 그럼 +는 4가 된다. 그래서 결국 550이 된다.

발상에는 경계도, 방향도, 물론 끝도 없다.

누가 더
아름다운가?

03

위와 아래, 각각 두 장의 그림이 있다.
왼쪽에 있는 사람이 더 아름다운가?
오른쪽에 있는 사람이 더 아름다운가?

왼쪽은 자신이 보는 나,
오른쪽은 다른 사람이 보는 나다.

You are more beautiful
than you think.

내가 아는 난,
몹쓸 루저라고?

검은색은 밝은 둘레를 가진 흰색이다.
–《가격은 없다》의 저자 윌리엄 파운드스톤

당신은 생각 이상으로 ○○답다!

'난 왜 이렇게 못생겼을까?'

이런 생각은 가급적 빨리 버리는 게 정신 건강에 이롭다. 당신은 못생긴 게 아니라 자신의 얼굴에 만족하지 못할 뿐이다.

바셀린과 비누 등 유지 제품을 주력으로 생산하는 다국적 기업 '유니레버(Unilever)'의 퍼스널 케어 제품 브랜드로 익숙한 도브(Dove). 도브는 외모에 대한 편견을 바꾸고자 2013년 4월, 전 세계에 '리얼 뷰티 스케치(Real Beauty Sketches)'라는 이름의 실험을 공개했다. 도브는 세상을 향해 이렇게 외쳤다.

"전 세계 여성의 4%만이 자신이 아름답다고 생각한다."

역설적으로 96%는 자신이 예쁘지 않다거나 그 표현에도 소극적이라는 뜻이다. 응답자 대부분이 겸손을 미덕으로 알기에 그랬던 건 아닐까? 어쩌면 겸손한 척하면서 속으로는 자신이 엄청 아름답다고 생각하는지도 모른다.

현실이야 어떻든 도브는 여성들이 평소에도 긍정적인 자부심을 지녀 자신의 잠재력을 최대한 이끌어냈으면 하는 바람에서 이번 실험을 기획했다고 한다.

도브가 여성들에게 전하는 메시지는 단순 명쾌하다.

"You are more beautiful than you think."

'당신은 자신의 생각 이상으로 아름다워요'라는 촌철살인 같은 한마디다. 수년 전으로 거슬러 올라가 보자. 도브는 지난 2000년대 중반에 여성의 아름다움을 새롭게 징의하는 캠페인(campaign for real beauty)을 벌인 적이 있다. 캠페인은 화두부터 강렬한 메시지를 던졌다.

아름다움의 정의는 오랜 기간 누군가를 통해 편협하게 규정돼왔다. 하지만 진정한 아름다움은 개개인에게 내재되어 있다. 아름다움은 모든 나이(ages)와 모든 크기(sizes), 모든 외모(shapes)에 존재한다고 믿는다.

대부분 사람은 광고 모델(여성)이라고 하면 오뚝한 콧대, 빨아들일 것 같은 큰 눈과 도톰한 입술, 발달한 가슴, 탱탱한 엉덩이, 쭉 빠진 다리 각선미를 가진 젊고 예쁜 금발 모델을 떠올린다. 뭇 남성으로부터 강렬한 대시를 받을 가능성이 높은 완벽한 몸매의 주인공 말이다.

그러나 도브의 캠페인에선 도브의 실제 소비자이면서 극히 평범한 사람들이 모델로 등장했다. 예컨대, 백수(白壽)를 눈앞에 둔 싱클레어 할머니, 족히 100kg은 되어 보이는 몸매의 아기 엄마 타바사, 완전 회색으로 머리카락을 염색한 듯 보이는 멀린, 얼굴을 비롯해 전신이 주근깨투성이인 레아, 짓궂은 남성들로부터 '절벽'이라 놀림 받을 것같이 빈약한 가슴을 가진 에스더 등이 주인공이었다. 도브가 선정한 모델은 S라인 몸매의 소유자, 매혹의 금발 미인과 거리가 먼 평범한 사람들이었다.

도브는 소비자들에게 다음 두 가지 중 한 가지를 선택하라고 주문했다.

- 쭈글쭈글한가? 멋진가? (Wrinkled? Wonderful?)
- 뚱뚱한가? 탁월한가? (Oversized? Outstanding?)
- 백발인가? 우아한가? (Gray? Gorgeous?)
- 점이 많은가? 점이 없는가? (Flawed? Flawless?)
- 반밖에 없는가? 반이나 있는가? (Half empty? Half full?)

여성의 아름다움을 바라보는 그간의 상식과 개념을 뿌리째 흔든 캠페인이었다. 평소 외모지상주의를 부추겨왔거나 이를 신봉해온 사람들에겐 충격 그 자체였다. 그러고 보면 얼굴과 전신에 점이 가득하다는 건 오히려 점이 없다는 발상도 얼마든 가능하다. 이를테면, 흑인은 검은 점이, 백인은 흰 점이, 우리는 누런 점이 온몸을 감싸고 있다는 의미다.

도브의 캠페인은 획일적이고 맹목적인 아름다움의 기준이 바뀌어야 하듯 기존의 편협하고 단정적인 행동이나 사고들도 바뀌어야 함을 일깨워주었다. 어쩌면 그 무엇보다 '개성'이라는 내적 향기가 가장 아름다운지도 모른다.

아름다움이란 내면에 숨겨진 긍정!

　근래의 '리얼 뷰티 스케치'는 그 연장선에 있다고 보여진다. 공개된 실험 영상에는 일곱 명의 피실험 여성이 등장했다. 미연방수사국(FBI)에서 훈련을 받은 몽타주 전문가 길 잼모어(Gil Zamore)가 커튼 너머의 피험자 여성들과 얼굴을 마주하지 않은 채 그녀들에게 각자의 얼굴에 대한 질문을 던지고 돌아온 답변(순수한 묘사)을 바탕으로 그녀들의 몽타주를 그렸다.

　"당신의 가장 특징적인 부분은 무엇입니까?"라고 물으면 피실험 여성들은 "얼굴이 크고 둥글어요", "눈가에 주름이 있어요", "턱이 넓어요", "이마가 아주 좁아요" 등과 같이 답을 하는 식이었다.

　이 실험이 끝난 뒤 잼모어는 이번에는 오로지 제3자의 묘사를 바탕으로 피실험 여성들의 몽타주를 그렸다. 몽타주 작성에 앞서 일곱 명의 여성은 낯선 제3자와 어느 정도 대화를 나눈 상태였다. 물론 피실험 여성들은 그 이유를 알지 못했다.

　제3자들이 기억하고 있는 피실험 여성들의 외모는 "갸름한 턱을 가진 좋은 느낌의 여성이에요", "너무 귀여운 코를 가졌어요", "파란 눈이 정말 아름다웠어요"와 같이 긍정적이었다.

　이를 통해 피실험 여성별로 두 장의 몽타주가 완성되었다. 한 장은 본인의 설명을 근거로 그려진 자신의 얼굴이었고, 또 다른 한 장은 조금 전에 처음 대면한 제3자가 상대방을 떠올리며 설명한 것을 바탕으로 그려진 얼굴이었다.

여기서 흥미로운 점은 자신의 설명을 토대로 그려진 몽타주가 제3자의 의견을 토대로 작성된 몽타주보다 훨씬 못생겼다는 사실이었다. 타인의 증언을 토대로 그린 몽타주가 더 개방적이고 행복한 얼굴을 하고 있었다. 결국 자신의 얼굴을 폄하하는 사람은 다름 아닌 본인이었다. (아래 사진은 실험에 참가한 플로렌스의 몽타주와 실물이다.)

우리나라 여성들도 예외가 아니다. "나는 코가 낮아", "나는 눈꼬리가 너무 처졌어", "나는 광대뼈가 너무 튀어나온 것 같아"라고 말하며 성형 열풍에 동참한다. 하지만 정작 중요한 건 얼굴 성형보다 마음 성형이 아닐까.

실험에 참가한 여성들은 자신의 모습이 그려진 두 장의 그림을 번갈아 보며 엷은 미소를 짓거나 재미있다는 반응을 보였고, 몇몇 여성은 눈물을 머금으며 착잡한 심경을 비치기도 했다. 영상에선 표출되기 쉽지 않은 콤플렉스에 초점을 맞추고, 그걸 긍정적으로 받아들이는 과정이 매우 아름답고 따뜻하게 그려졌다.

이 실험이 던져주는 메시지는 명확하다. 우리는 이 실험을 통해 많은 여성이 자신의 외모에 부정적이라는 사실과 이런 여성들을 바라보는 대중 사이에 상당한 괴리감이 존재한다는 점을 알게 되었다.

사람은 누구나 평소 입에 올리지 않지만 자신에 대한 부정적인 평가나 콤플렉스 따위를 가지고 있다. 그래서 자신만 알고 있는 열등감을 과장되게 받아들여 못난 점만 떠올리지만 실제로 다른 사람이 볼 때는 그리 심각하지도 않고 인지하기도 어려운 게 사실이다.

도브 캠페인은 얼굴을 죄다 고친다거나 갖은 화장으로 덧칠을 하면 아름다워지는 게 아니라 '나는 아름답다'라고 스스로의 생각을 바꾸면 얼마든 아름다워진다는 진실을 잘 보여준다. 진정한 아름다움이란 내면의 긍정을 통해 발산되는 객관적 사고와 남다른 발상이다.

진정한 아름다움이란
내면의 긍정을 통해
발산되는
남다른 발상이다.

그 나뭇잎,
얼마면
팔래?

04

산과 들에 깔린 나뭇잎,
과연 이게 돈이 될까?

물론, 된다.
대동강 물을 팔아먹은
봉이 김선달의 재림인가?

쓰레기 팔아
떼돈 버는 마을?

상식이란 18세까지 몸에 익힌 편견의 컬렉션을 가리킨다.
-알베르트 아인슈타인

나뭇잎이 돈이 되는 이유!

지천에 깔린 게 나뭇잎인데 그걸 시장에 내다 판다
고? 게다가 그 나뭇잎을 비싼 가격에 사가는 사람이
있다고? 살다 살다 별일을 다보네!

봉이 김선달이 대동강 물을 팔아먹은 것과 다를 바 없어 보이지만 실제
로 나뭇잎을 판매해 이익을 내면서 이를 비즈니스로 승화시킨 마을이 있
다. 주인공은 바로 일본의 도쿠시마현 가미카쓰 마을이다. 이른바 '나뭇
잎 비즈니스'로 인해 일본은 물론 해외 매스컴에서도 주목하면서 그 노하
우를 배우기 위해 전 세계 각국에서 매년 4,000명 이상이 작은 마을을 찾
고 있다. 이 마을은 우리나라를 비롯해 선진국들이 공통적으로 안고 있는
과제인 저출산과 고령화를 극복할 대안으로 주목받고 있다. 나뭇잎 비즈

니스 담당자는 여성과 고령자로, 그 주역은 마을 할머니들이다.

가미카쓰 마을은 일본의 여느 산촌처럼 젊은이는 모두 직장을 찾아 외지로 떠나고 노인들만 남은 오지 중의 오지다. 가미카쓰는 시코쿠(四道, 일본 열도를 구성하는 4개의 큰 섬 가운데 가장 작은 섬)에서도 가장 작은 마을로 알려져 있다. 2012년 12월까지 마을 주민 1,701명 가운데 65세 이상의 인구가 절반을 차지할 만큼 고령화가 진행된 이곳은 원래 귤 재배가 번성했던 곳이었으나, 1976년에 몰아닥친 한파로 마을의 귤나무 대부분은 고사했고, 오렌지 수입이 자유화되면서 주요 수입원마저 사라졌다.

이런 와중에 귤 산업의 대안으로 등장한 게 바로 나뭇잎 비즈니스다. 이 사업은 당시 영농 지도원으로서 가미카쓰 농협에 근무하던 요코이시 도모지(橫石知二)의 제안으로 1987년부터 시작되었다. 요코이시는 현재 나뭇잎 비즈니스 '이로도리(彩)'의 대표를 맡고 있다.

'나뭇잎 비즈니스'란 요리를 돋보이게 만드는 나뭇잎(꽃) 장식, 일명 '쓰마모노(妻物)'를 판매하는 걸 말한다. 한마디로 산과 들을 물들이는 각 계절의 나뭇잎과 꽃, 산채 등을 판매하는 농업 비즈니스다.

그런데 어째서 이런 사업이 가능했던 걸까? 또한 이런 형태의 사업이 과연 지속성을 가질 수 있을까? 하긴 필자도 어린 시절 서울 사람들이 고향 마을에 널린 감나무 잎과 아카시아 잎을 사간다기에 이게 웬 횡재냐며 포대 가득 잎을 딴 기억이 있긴 하다.

일본 요리는 맛은 물론, 요리를 담아내는 그릇의 색상과 형태, 음식 배

열 등 외형의 아름다움에도 세심한 주의를 기울인다. '일본 요리는 입으로 먹는 게 아니라 눈으로 먹는다'라는 말이 있을 만큼 시각적인 조화를 중시한다. 그러다 보니 나뭇잎(꽃) 등으로 장식된 '쓰마모노'가 필수적이고, 일본 내엔 이를 거래할 틈새시장이 존재한다.

　현재 가미카쓰 마을의 나뭇잎 비즈니스는 30년 가까이 되면서 시장 규모가 2억 6,000만 엔까지 성장해 마을의 주요 산업이 되었고, 그중에 연간 1,000만 엔의 수입을 올리는 할머니도 등장했다. 이곳에서 출하되는 나뭇잎은 일본 쓰마모노 시장의 약 70%를 차지할 정도로 압도적인 경쟁력을 가지고 있다. 2012년엔 일본에서 나뭇잎 비즈니스를 주제로 한 영화가 만들어져 공개되기도 했다. 게다가 여러 종류의 단행본까지 출간되면서 더욱 주목받고 있다.

대한민국에 경종을 울리다!

요코이시 대표가 나뭇잎 비즈니스를 떠올리게 된 배경은 이랬다. 1986년 어느 날, 그는 음식점에서 식사를 하다 우연히 옆 테이블에 앉은 여자 손님들의 대화를 듣게 된다.

"어머, 이 나뭇잎 귀엽다. 가지고 갈까?"

이때 그의 머릿속에 불현듯 사업 아이디어가 떠올랐다. 하지만 나뭇잎을 판매하겠다는 아이디어를 각광받는 사업으로까지 끌어올리는 데는 갖은 난관을 뛰어넘어야 했다. 특히 마을 주민과 고객의 공감이 가장 큰 장벽이었다.

나뭇잎을 팔아 돈을 벌자고 제안했을 때 마을 주민들은 어느 누구도 납득하지 않았다. 오히려 "쓰레기를 주워 팔면서까지 돈을 벌고 싶지 않다"며 요코이시 대표를 비난했다. 그들은 나뭇잎을 상품으로 여기지 않았다.

요코이시 대표는 마을 할머니 몇 명을 어렵게 설득해 1987년 처음 상품을 내놓았지만 거들떠보는 사람이 없었다. 예상과 다른 반응에 당황한 그는 한 요리점 주방장에게 그 이유를 물어보았다. 그는 한심하다는 듯 이렇게 말했다.

"요리점 현장이 어떤지 알기나 해?
현장도 모르면서 장사는 무슨!"

그때부터 요코이시 대표는 전국 요리점을 돌며 본격적으로 현장을 익혔다. 그는 '어떤 나뭇잎 모양이 아름다운가? 이 요리에는 저 모양의 나뭇잎이 어울리지 않을까? 언제쯤 이 나뭇잎이 필요할까?' 등 다양한 현장 정보를 습득한 후에야 나뭇잎을 조금씩 팔 수 있게 되었다.

또한 그는 효율적인 주문 처리를 위해 마을 농가 간 경쟁심을 촉진하는 대책을 세웠다. 각 농가에 고령자 전용 컴퓨터와 산과 들에서도 곧장 일처리가 가능한 태블릿 PC를 도입했다. 그로 인해 농가별로 하루 매출액 및 순위를 실시간으로 확인할 수 있었다. 농가 할머니들 사이의 경쟁심은 매출액 향상의 자극제가 되었고, 더불어 품질 저하를 막는 효과까지 가져왔다. 덕분에 가미카쓰 마을은 IT 활용 모범 사례로 인정받아 정부로부터 표창을 받기도 했다.

현재 남겨진 가장 큰 과제는 후계자 육성이라고 한다. 지금까지는 나뭇잎 비즈니스가 성공했을지라도 다음 세대로까지 이어져야 진정한 성공이라고 할 수 있다. 이를 위해 마을에선 청년들이 참여하는 인턴십(체험형 교육)에 힘을 쏟고 있다. 지난 2010년부터 2016년까지 600여 명의 청년들이 마을을 찾았고, 20여 명은 아예 이사를 왔다. 그 가운데 일부는 가미카쓰에서 창업을 해 새로운 비즈니스에 도전 중이다.

참고로 '나뭇잎 판매'라는 기상천외한 발상이 사업으로 정착되기 위해서는 다음의 세 요소가 조화를 이뤄야 한다.

첫째, 계절을 한발 앞선 상품 개발이 가능해야 한다.

주요 소비처인 고급 요리점(요정) '쓰
마모노'는 계절을 조금 앞질러 간다. 늦
여름엔 가을을 연출할 수 있는 빨갛고
노란 단풍잎을, 겨울엔 봄 향기를 가득
뿜어줄 복숭아 잎을 사용한다. 도심 생
활로 계절 감각이 무뎌진 손님들에게 계절감이 물씬 풍기는 나뭇잎(쓰마
모노)을 보며 식사를 즐기게 하겠다는 요리점의 배려다. 계절에 맞춰 산이
나 들에서 수확한 나뭇잎은 (시기를 놓쳐) 상품화가 불가능하다.

결국 계절을 한발 앞질러야 한다는 점과 동시에 나뭇잎(꽃)의 색감과
모양이 아름다워야 한다. 두 조건을 모두 만족시키기 위해 가미카쓰 마을
에선 해당 나무를 직접 재배해 수확하고 있다.

둘째, 수요와 공급의 절묘한 균형이 필요하다.

나뭇잎 비즈니스는 철저한 틈새산업이라 수요와 공급이 합치될 때 비
로소 성립되는 사업이다. 소비자가 은행잎을 원하는 시기에 단풍잎은 별
가치가 없다. 하지만 제때 은행잎이 공급된다면 더욱 비싼 가격을 받을
수 있다. 또한 '쓰마모노' 자체는 필수품이 아니라 지나치게 비싸면 외면
당할 수 있다.

만약 은행잎을 수요 이상으로 공급하면 반대로 가격이 폭락해 공급 농
가는 큰 타격을 입는다. 수요와 공급의 절묘한 균형이 시장 성립에 더없
이 중요하다. 필요한 것을 필요한 시간에 차질 없이 공급할 수 있느냐가

목표 매출액 달성의 관건이다.

가미카쓰 마을에선 독자적인 정보 인프라 '이로도리 네트워크 시스템'과 각 농가에서 보유한 컴퓨터, 태블릿 PC 등 최신 디지털 기기를 활용해 소비자가 원하는 시간에, 원하는 상품을 적절한 양만큼 공급할 수 있는 시스템을 갖추고 있다.

셋째, 고용 창출과 부담 없는 작업 환경이 필요하다.

이 사업의 주역은 70~80대 할머니들이다. 중노동으로 알려진 귤 재배에 비해 상품 자체가 경량인 나뭇잎은 고령자들도 다루기 편한 아이템이다. 또한 딱히 수입이 높지 않은 산촌의 고령자들에겐 일자리 창출이라는 측면에서도 의미가 크다.

가미카쓰 마을에서 성공적으로 이뤄지고 있는 고령자 중심의 비즈니스는 고령사회를 맞이하고 있는 대한민국에도 경종을 울리고 있다. 가미카쓰 마을의 1인당 의료비는 도쿠시마현에서 가장 적다고 한다. 나이가 들어도 일이 있으면 그만큼 몸도 마음도 건강하다는 증거다.

나뭇잎도 상품으로 둔갑시켜
가치 창출에 성공한 해외 사례가
우리 사회에 던진 메시지는
예사롭지 않다.

자신이 아닌
타인의 일이라 생각하라!

감방에서 탈출하기!

주어진 지문을 읽어보라.

당신은 옥탑 감방에 갇혀 있다. 그러던 어느 날, 감방 안에서 밧줄 하나를 발견했다. 하지만 밧줄의 길이는 감방에서 지상까지의 절반밖에 되지 않았다. 그럼에도 당신은 전혀 낙심하지 않고 밧줄을 반으로 자른 뒤 잘 엮어 지상으로 탈출하는 데 성공했다.

여기서 질문! 당신은 어떤 방법을 사용했기에 옥탑 감방에서 무사히 탈출할 수 있었던 것일까? 밧줄 길이는 감방에서 지상까지의 절반밖에 되지 않았는데 말이다. 이는 너무 간단해 어떤 독자에겐 식상한 문제일 수도 있다.

뉴욕 대학의 에번 폴먼(Evan Polman) 교수와 코넬 대학의 케일 에미치(Kyle J. Emich) 교수는 대학생 137명을 두 그룹으로 나누어 앞 문제를 제시하며 실험을 진행했다. A 그룹에겐 자신이 갇혀 있다고 상상하며 문제를 풀게 했고, B 그룹에겐 자신이 아닌 다른 사람이 갇혀 있다고 상상하며 문제를 풀게 했다. 그 결과, A 그룹에서 정답을 도출한 사람이 절반 이하(48%)였다. 반면 B 그룹에선 무려 66%의 학생이 정답을 도출했다.

또한 두 교수는 학생들에게 새로운 공상과학 소설에 등장하는 외계인을 그려보라고 했다. 앞의 실험과 마찬가지로 A 그룹에게는 외계인을 그린 뒤 실제로 소설을 집필하는 것은 자기 자신이라고 말해주었고, B 그룹에겐 소설을 집필하는 것은 다른 누군가라고 말해주었다. 이 실험에서도 더 독창적인 그림을 완성한 쪽은 후자 그룹이었다.

이타성 = 창의적 발상?

앞의 실험 결과를 관통하는 키워드는 뭘까? 그건 바로 직면한 문제를 자신의 것으로 파악하는 것보다 다른 사람의 것으로 객관시하는 편이 발상을 하는 데 더욱 도움이 된다는 사실이다. 다시 말해, 자기 자신보다 타인을 위해 뭔가를 할 때 창의적 발상이 더 잘 발휘될 수 있다는 점이다.

미래학의 거두 다니엘 핑크(Daniel Pink)는 말한다.

"우리는 일과 생활에서 종종 반대로 하고 있다."

문제를 해결하고 싶으면 조금 거리를 두고 객관적으로 발상해야 하는데, 우리는 그 문제에 지나치게 몰두한 나머지 종종 일을 그르쳐버리곤 한다.

삶 가운데 특히 발상이 요구되는 장면에선 나 자신을 타인으로 바꿔 천천히 생각해보거나 문제를 '객관화'하기 위해 다른 동료들에게 자문을 구하는 것도 훌륭한 발상 노하우라 하겠다. 그라운드에서 동서남북을 열심히 누비는 선수 본인보다 스탠드에 앉아 지켜보는 감독과 코치, 나아가 관객이 문제점을 더욱 정확하게 진단할 수 있는 것도 그런 이유 때문이다. 화투판이나 바둑판 옆에 앉아 훈수 두는 제3자가 묘수를 더 잘 발견하는 이치와도 같다.

이제 앞서 제시한 문제의 정답을 공개한다. 죄수인 당신이 밧줄을 활용해 옥탑 감방에서 지상까지 무사히 내려올 수 있었던 건 밧줄을 세로로 잘라(혹은 꼬인 밧줄을 풀어) 연결해 길이를 두 배로 만든 다음 이를 엮었기에 가능했다. 정답 찾기에 실패한 사람들은 모두 밧줄의 반을 자른다는 의미를 세로가 아닌 가로로만 생각했기에 벽에 부딪히고 말았다.

무소속 5번
조국

05

WANTED!

우리는 이런 국회의원을 원한다.

올빽머리 근육 빵빵 난 슈퍼맨!
인주 시민 친구 난 슈퍼맨!
멋지구나 잘생겼다.
대인배의 카리스마
사이즈가 장난 아니지.

1억 원을 **버는 게** 빠를까, **세는 게** 빠를까?

나는 밤에 꿈을 꾸지 않는다.
나는 온종일 꿈을 꾼다.
나는 먹고살기 위해 꿈을 꾼다.
―스티븐 스필버그

하여간 돈이 문제다

SBS에서 방송되었던 '시티홀'이라는 드라마를 기억하는가? 차승원과 김선아를 주인공으로 내세워 첫 방송부터 동시간대 1위의 자리를 지킨 인기 드라마다. 종영 이후엔 '꼭 다시 봐야 하는' 드라마 1위로 꼽히면서 DVD가 출시되기도 했다. 이 드라마는 일본을 비롯해 대만과 홍콩, 싱가포르, 태국 등 아시아 각지에 수출되어 큰 관심을 받았다.

차승원과 김선아의 코믹한 연기는 드라마를 보는 내내 시청자들이 웃지 않을 수 없게 만들었다. 여기에 냉혹한 정치와 정치인의 세계를 아주 섬세하게 그려냄으로써 드라마에 무게와 실감을 더했다.

특히 차승원(조국)의 연기는 그 어느 때보다 빛이 났던 것 같다. 조국은 돈도, 지위도, 배경도 없는 미혼모의 아들로서 행정고시와 사법시험을 모두 패스한 천재 관료다. 대통령이 되겠다는 큰 야심을 품고 있는 그는 출세를 위해서라면 무슨 일이든 감당하는 냉혈하고 교묘한 흑심(黑心)의 소유자다.

조국은 '정치는 마음으로 해야 한다'라고 생각하는 인간들을 경멸하고, 긍정적 사고의 소유자들이 주장하는 '모든 것은 마음먹기에 달렸다'라는 말을 싫어한다. 그는 정치는 힘, 머리, 돈으로 하는 것! 힘과 돈과 머리만 있으면 얼마든지 시장도, 국회의원도, 대통령도 될 수 있다고 철석같이 믿었다.

인주시 부시장에서 물러난 조국은 '인주시의 슈퍼맨'을 자처하며 기호 5번 무소속 후보로 총선에 출마했다. 이때 그는 유세장에서 논리적이면서도 감정을 뒤흔드는 실감 나는 명연설로 드라마를 떠나 시청자들의 마음을 사로잡았다. 그 상황을 소개한다. 약간 길지만 마지막까지 한 대목 한 대목 음미하며 들어보기 바란다.

"자, 제가 질문 하나 드리겠습니다. 1억 원을 버는 게 빠를까요, 세는 게 빠를까요?"

이때 한 아주머니가 시큰둥한 목소리로 이렇게 말했다.

"아, 당연히 세는 게 빠르죠."

조국은 그 아주머니를 바라보며 입을 열었다.

"과연 그럴까요? 자, 그럼 가정해봅시다. 1초에 하나씩 셉니다. 밥도 먹지 않고, 잠도 자지 않고, 연애도 하지 않고, 하루 24시간 오로지 숫자만 셉니다. 하루는 24시간, 분으로는 1,440분, 초로는 8만 6,400초입니다. 8만 6,400초로 1억을 나눠보면, 1억 원을 세는 데 걸리는 시간은 일로 따지면 약 1,157일, 월로 따지면 약 3년 2개월입니다. 그런데 어떻게 사람이 24시간 숫자만 셀 수 있겠습니까? 또 천 단위를 넘어가면 과연 1초에 하나씩 셀 수 있을까요? 2초씩 잡으면 7년이 넘고, 3초씩 잡으면 10년이 넘게 걸린단 이야기입니다. 그럼 처음 질문으로 돌아가 1억 원을 버는 게 빠를까요, 세는 게 빠를까요?"

조국은 주변을 둘러본 뒤 다시 말을 이어 나갔다.

"그렇습니다. 1억 원을 버는 것이 훨씬 빠를 수 있습니다. 하지만 여러분! 지금 1억 원을 가지고 있으십니까? 10년을 개미처럼 일했는데, 20년을 알뜰살뜰 저축했는데, 30년을 안 쓰고 안 입고 아등바등거렸는데, 지금 1억 원을 벌어놓으셨습니까? 도대체 왜 세는 것보다 버는 게 빠른 그 같잖은 1억 원이 여러분에겐 없는 것입니까? 과연 그 많은 돈은 다 어디 있다는 말입니까? 그렇기 때문에 여러분들은 반성하셔야 합니다. 당신의 삶에서 원하는 것을 발견하지 못했다면, 그것은 당신의 선택이 잘못되었던 것입니다. 지금 직장을 잃어도, 집을 잃어도, 그 흔한 문화시설 하나 없이 살아도 모두 내 팔자인 것입니다. 과연 여러분들은 그런 팔자를 원하셨던 것입니까? 천만의 말씀입니다. 여러분의 선택이 인주를 바꾸고, 인주가 바뀌어야 당신의 삶이 바뀌고, 당신의 삶이 바뀌어야 당신 아이들의 삶이 바뀝니다. 아픈 아이의 병원비가 없어 발을 동동 구르지 않게, 아이의 교육을 위해 이삿짐을 싸지 않게, 지금부터 제가 여러분의 삶을 바꿔드리겠습니다. 저는 기호 5번, 이 시대의 젊은 리더, 무소속 조국입니다."

그 순간 청중들의 우레와 같은 박수와 함성이 쏟아졌다. 필자의 입에서도 절로 탄성이 터졌다. 뭔가 모르게 속이 후련해지는 연설이었다. 방송 직후 각종 인터넷 게시판엔 "조국 같은 후보가 총선에 나오면 무조건 찍겠다"라는 글이 이어졌다.

처음에는 "1억 원을 버는 게 빠를까요, 세는 게 빠를까요?"라는 질문이 다소 황당하게 들릴 수도 있다. 하지만 24시간 동안 숫자만 꼬박 세더라도 2초씩 잡으면 7년이 넘고, 3초씩 잡으면 10년이 넘게 걸린다는 조국의 말에 블랙홀 마냥 빨려 들어가게 된다. 단지 감정을 뒤흔드는 단어의 나열 때문만은 아니다. 매우 논리 정연한 설명 때문이다.

그냥 넘어가면 내가 아니다!

지금 당신이 읽고 있는 책은 발상 전환이 주제다. 조국의 연설 내용을 감동적이고 게다가 발상 전환을 일깨우는 명연설이라 결론짓고 이대로 넘어간다면 필자는 독자에게 심각한 결례를 범하게 된다.

다시 한번 연설 내용을 곱씹어본다. 그 가운데에서도 "1억 원을 버는 게 빠를까요, 세는 게 빠를까요?"라는 대목에 주목해보자. 일단 이 질문은 두루뭉술하고 보편성을 띤 물음이기에 시청자들이 그냥 그대로 받아들이기에 큰 무리는 없어 보인다.

다만 통상적으로 우리가 돈을 셀 때 조국의 말처럼 1원부터 1억 원까지 세지는 않는다. 또 우리나라 화폐의 최소 단위는 1원일지 모르나, 우리가 금융기관 등지에서 돈 1억 원을 입출금하거나 시장에서 거래할 때 그 단위는 최소 '1만 원'이다. 따라서 조국이 제시한 '세는 게 빠를까요?'의 질문은 관행적으로 1만 원으로 보는 게 옳지 않을까? 그게 합당하다.

그렇다면 과연 얼마나 걸릴지 1억 원을 세어보자. 먼저 1만 원권 지폐 한 장을 세는 데 1초가 걸린다고 가정하자. 100만 원을 세는 데는 100초, 1,000만 원을 세는 데는 1,000초, 1억 원을 세는 데는 1만 초가 걸린다. 1만 초는 166.7분, 시간으로는 2시간 8분이다. 다시 말해 돈 1억 원을 1만 원권 지폐로 세면 2시간 8분 정도 걸린다는 말이다. 만약 가장 큰 지폐 단위인 5만 원권으로 세는 경우 30분 정도면 충분하다. 게다가 1만 원을 세는 데 1초는 지나치게 긴 시간이다. 꼼꼼히 센다고 해도 0.5초면 충분하다. 그러면 세는 시간은 절반으로 줄어든다. 1시간이면 1억 원을 충분히 센다는 결론에 이른다.

또한 조국의 "천 단위로 넘어가면 과연 1초에 하나씩 셀 수 있을까요?"라는 말에도 어폐(語弊)가 있다. 유치원생이 아닌 이상 누가 요즘 돈을 셀 때 "9,997만 원, 9,998만 원, 9,999만 원……" 하고 셀까? 1만 원권 지폐 100장을 한 묶음으로 세지 않을까? 그게 100묶음이면 1억 원인 거다. 따라서 "천 단위로 넘어가면……"이라는 상황은 결코 발생하지 않는다. 길어야 십 단위로 끝난다. 즉 "97만 원, 98만 원, 99만 원……"이 된다.

결국 조국의 심금을 울린 연설 한 대목 "1억 원을 버는 게 빠를까요, 세는 게 빠를까요?"라는 물음의 정답은 그의 의도와 반대로 '세는 게 빠르다'가 옳다. 세계 1, 2위를 다투는 갑부 빌 게이츠나 워런 버핏 정도가 아니라면 세는 게 훨씬 빠르다.

물론 그렇다고 조국의 감동적인 연설이 퇴색되지는 않는다. "1억 원을 버는 게 빠를까요, 세는 게 빠를까요?"라는 질문을 시작으로 민생고를 챙기는 후보가 우리나라에 과연 얼마나 있을까? 우리들로 하여금 많은 생각을 하게 만든 명연설이다. 짝짝짝!

진정한 발상은 늘 저 너머에

06

앙코르와트를 세상에 알린 앙리 무오의 말이다.
"그토록 아름다운 문명을 꽃피웠던 나라가
야만의 상태에 빠져 있는 걸 보면 비애감마저 느껴진다."

수많은 총탄의 흔적!
새로운 권력자와 타 종파의 탄압!
그런 역경을 묵묵히 견뎌낼 수 있었던 저력에는
천 년을 지켜온 온화한 미소가 있었다.

필시 미소 저 너머로
새로운 발상이 꿈틀대고 있겠지.

뒤집은 질문이
세상을 바꾼다!

창의적 사고는 신이 인간에게 준 선물이고,
이성적 사고는 충실한 종이다.
오늘날 우리가 만든 사회는 충실한 종을 존중하는 대신
신이 준 선물은 잊어버렸다.
―알베르트 아인슈타인

줄줄 비가 새는 문제를 해결하라!

필자를 포함한 교수 세 명과 출판사 사장 한 명, 이렇게 넷이서 서해안 최북단 섬인 백령도에 다녀오기로 했다. 그런데 가는 날이 장날이라고 했던가! 이른 아침부터 주룩주룩 내리던 비가 일행이 인천항에 도착할 무렵엔 바람과 뒤섞이며 폭풍우 수준으로 돌변했다. 아니나 다를까 8시에 출항하는 첫 배는 풍랑으로 취소되었다. 8시 50분에 출항하는 두 번째 배도 마찬가지였다. 결국 일행은 오후 1시 배를 예매한 뒤 인근에 위치한 식당으로 발길을 옮겼다. 모두 이른 시간에 집에서 나선지라 식사를 하지 못한 상태였다.

우리 말고는 손님이 없어 넉넉한 창 쪽으로 자리를 잡았다. 이때 종업원이 테이블 위에 물과 컵을 올려놓다 말고 창문을 가리키며 주의를 주었다.

"천장에서 비가 새 창문을 타고 내려오니 조심하세요."

종업원이 가리킨 창틀 아래엔 여러 장의 수건이 수북하게 깔려 있었다. 손님들이 앉는 자리로 물이 흐르지 않도록 임시방편의 조치를 해놓은 것이다. 필자는 농담 삼아 종업원에게 한마디 툭 던졌다.

"여기 건축 전문가가 있는데, 밥을 공짜로 주시면 비가 새지 않게 해줄 수 있어요."

종업원은 미묘한 표정을 짓더니 대꾸도 없이 돌아갔다. 곧이어 식사가 나왔고 모두 두둑하게 배를 채웠다. 9시 30분! 주변에 딱히 알고 있는 곳도, 갈 만한 곳도 없었기에 배 출발 시간까지 식당에 죽치고 앉아 있을 셈이었다. 그렇게 하릴없이 이런저런 잡담을 나누고 있었는데, 어느 순간부터 카운터에 앉아 있는 주인의 눈초리가 예사롭지 않음을 느꼈다. 속으로 '식사를 끝냈으면 빨리 나갈 것이지 뭘 저리 떠들고 있는 거야'라는 표정이 주인 얼굴에 역력했다. 잠시 뒤, 주인은 뭔가 작심한 듯 우리 쪽으로 다가왔다. 순간 일행은 긴장하며 주인 입을 주시했다.

"가만히 이야기를 들어보니 교수님이시군요. 아까 우리 종업원이 이 중에 건축 전문가가 계시다고 하던데⋯ 뭐 한 가지 물어봐도 괜찮겠습니까?"

그만 나가달라고 말할 줄 알았는데, 다행이었다. 누가 먼저랄 것도 없이 "이 사람이 건축 전문가입니다"라며 C 교수를 가리켰다.

주인은 들고 온 전표를 뒤집어 C 교수 앞에 놓더니 볼펜으로 뭔가를 쓱쓱 그려나갔다. 그동안 고심한 흔적이 그림에 고스란히 녹아 있었다. 그는 이렇게 하소연했다.

"건물이 낡아서 그런지 (그림을 가리키며) 지붕 모퉁이 쪽에서 천장을 타고 빗물이 창문 안쪽으로 흘러내려오는데 어떻게 하면 좋겠습니까? 관련 업체에 자문을 구했더니 방수 공사를 해야 한다며 터무니없는 금액을 부르네요."

지붕에서 물이 어떤 식으로 창문 안쪽으로 흘러내리는지 업체 관계자도 정확히 알지 못하는 것 같다는 불평도 덧붙였다.

가만히 식당 주인의 말을 듣고 있던 C 교수는 전표를 넘겨받아 다음 장에 무언가를 그렸다. 그러고는 설명을 시작했다. 애당초 설명에 별 관심이 없었던 데다 우둔한 필자로선 그 내용을 정확히 이해하지 못했다. 언급된 내용을 대충 정리하면 이랬다.

"우선 이쪽 지붕에 두꺼운 비닐을 깔고 모르타르를 친 다음 액체 방수 처리를 하시죠. 그리고 처마 끝에 나무든 철판이든 물 흘림판을 대시고…… 우레탄 도장은 접착성이 우수해 박리되는 현상이 없어……."

C 교수의 말을 묵묵히 듣고 있던 주인은 다시 입을 열었다.

"네, 그렇군요. 실은 이 건물이 제 소유가 아니라서 함부로 손대지 못합니다. 비가 새는 문제는 건물주가 해결해야 하는데, 딱히 의향이 없는 것 같아요. 임차료 문제와도 관련이 있어 주인에게 공사를 요구하기가 쉽지 않네요."

주인의 말에 잠시 무거운 침묵이 흘렀다. 바로 그때, 정적을 깨기라도 하듯 무역을 전공한 J 교수가 불쑥 입을 열었다.

"사장님, 제게 좋은 생각이 있습니다."

"네?"

C 교수와 출판사 사장, 필자는 '전문가도 아닌 사람이 왜 끼어드는 거지? 지금은 농담을 할 분위기가 아닌데…' 하는 어이없는 표정을 지었다. J 교수는 아랑곳하지 않고 말을 이어갔다.

"사장님 건물도 아닌데 굳이 돈 들일 필요가 있어요?"

"뭐, 그렇죠."

"창틀 아랫부분에 구멍을 뚫는 겁니다. 창을 타고 흘러내려온 물이 다시 그 구멍을 통해 밖으로 흘러 나가게 하는 거죠. 구멍이 흉해 보이면 그 방향에 화분 하나 가져다 놓으면 되지 않겠어요?"

"(주인은 무릎을 치며) 아하, 그거 좋은 방법이네요."

예상 밖의 발상이다. 건축 전문가 C 교수의 말처럼 비를 새는 곳을 찾아내 방수 처리하는 게 근본적인 해결책일 수 있다. 하지만 많은 비용이 들어간다. 또한 건물주는 해결 의사가 없다. 그렇다면 임차인, 즉 식당 주인 입장에선 가급적 돈을 적게 들이고 문제를 해결하는 게 최상이다.

그런 찰나에 돈을 거의 들이지 않고 안으로 들어온 비를 곧장 밖으로 내보내면 된다는 비전문가 J 교수의 단순하지만 깊이 있는 발상은 식당 주인에게 천금 같은 아이디어였다.

그럼 J 교수는 어떻게 이런 기발한 발상을 한 걸까? 식당 주인과 C 교수는 어떻게 해야 비가 새지 않을까 하는 것에 초점을 맞추고 머리를 짜내고 있었다. 하지만 J 교수는 어떻게 해야 비를 밖으로 내보낼 수 있을까 하는 것에 초점을 맞추고 고심을 했다. 발상 전환의 위력이다.

그러고 보니 설사 지붕에서 빗물이 안으로 들어오더라도 그 물이 식당 바닥(손님들 좌석)에 고이지 않고 어딘가를 통해 밖으로 배출된다면 영업에는 지장이 없다.

잠시 뒤 필자는 이렇게 한마디 던졌다.

"비도 오고, 제때 배도 뜨지 않고. 오늘 운이 참 안 좋네."

그러자 식당 주인은 이렇게 응수했다.

"(교수님들 덕분에 문제를 해결했으니) 저는 참 운이 좋네요."

잉크도 마르기 전에 떠나는 사연!

많은 사람이 요즘 같은 시대에 취업하는 것은 낙타가 바늘구멍을 통과하는 것만큼 어렵다고 말한다. 하지만 취업 현장에서 직접 부딪히고 있는 사람들은 그보다 더 어렵다고 호소한다. 그런데 난관을 뚫고 당당히 취업에 성공한 신입 사원 상당수가 일 년 안에 회사를 그만둔다고 한다. 취업난 심화로 인한 '묻지마 취업'도 조기 퇴사의 한 원인이겠지만 직장이라는 새로운 직무 환경과 툭하면 이어지는 야근, 과중한 업무, 성과 위주의 심한 경쟁 등이 주요 원인이다.

'참을 인(忍)'이 어쩌고 하는 충고는 이제 기성세대에게나 통하는 것으로, 개방적인 생활과 문화를 접해온 세대와는 거리가 멀다. 그런 생활과 문화에서 오는 조급증도 한몫했을 것이다.

경기도 화성에서 자동차 부품을 생산하는 중견 기업 K사. 이 회사의 인사 담당 임원은 몇 달째 고민에 빠져 있었다. 수도권 대학을 돌며 어렵사리 채용한 신입 사원 절반가량이 6개월도 채우지 못하고 사표를 낸다. 그렇다고 해서 인근 회사들과 비교해 업무량이 많다거나 연봉이 적지도 않았다. 게다가 서울에서도 통근이 가능할 만큼 교통편도 괜찮았다.

사표를 내는 신입 직원들을 따로 불러 상담도 해보았지만 그들은 어디에서나 들을 수 있는 통상적인 얘기만 늘어놓는다. 입사 원서의 잉크도 채 마르기 전에 회사를 그만두는 까닭을 찾기란 어려웠다.

공을 들여 뽑은 인력이 얼마 되지도 않아 회사를 그만두는 건 회사 입장에선 엄청난 손해였다. 잦은 업무 교체는 사내 분위기 저하는 물론 업무 연속성에도 차질이 빚어질 수밖에 없다.

그러던 어느 날 저녁, 임원은 아내와 식사를 하다가 자신의 고민을 토로했다. 이때 아내는 심드렁한 표정으로 이렇게 되물었다.

"그런데 남아 있는 사람들은 왜 남아 있는 거야?"

아내의 물음에 임원은 무릎을 탁 하고 쳤다.

"그래, 맞아! 그 친구들한테 물어봐야겠다!"

임원은 그다음 날 몇 년째 열심히 회사를 지키고 있는 사원들을 대상으로 개별 면담 시간을 가졌다. 그들은 입사 동료 절반이 6개월도 되지 않아 회사를 떠나고 있음에도, 자신들이 남아 있는 건 입사 초기의 새로운 환경에 잘 적응할 수 있었기 때문이라고 입을 모았다.

학교를 떠나 새롭게 접한 직장이라는 공간은 모든 게 낯설다. 그로 인한 스트레스는 상상을 초월한다. 실제로 한국경영자총협회가 2012년 말 전국 392개 기업을 대상으로 조사한 결과에 따르면, 일 년 내 조기 퇴직 사유로 '조직 및 직무 적응 실패(43%)'와 '근무 환경 불만(14%)' 등 조직과 업무에 대한 고충(57%)이 절반 이상을 차지했다.

매일 아침 눈을 뜨면 자동으로 직장에 가야 한다는 중압감이 마구 몰려온다. 일요일 저녁 〈개그콘서트〉가 끝날 무렵이면 스트레스는 최고조에 달한다. 언론에 따르면, 신입 초기에 과도한 스트레스로 인해 탈모와 우울증 질환 등으로 정신과 치료를 받는 경우도 적지 않다고 한다. 그런 직장의 스트레스를 입사 초기부터 잘 이겨내고 새로운 조직과 직무에 잘 적응할 수 있었던 건 같은 부서에 근무하는 상사 및 선배들과의 원활한 커뮤니케이션 덕분이었다.

임원은 이런 면담 결과를 바탕으로 사장에게 건의해 부서별 멘토제(mentoring system)를 만들었다. 부서 내 입사 선배는 후배의 업무 관련 내용뿐 아니라 개인적인 애로 사항들을 파악해 조언함으로써 신입 사원이 직장이라는 낯선 환경에서 느끼는 스트레스를 최대한 줄일 수 있도록 노력했다.

멘토제 도입 후 믿기 어려운 일이 벌어졌다. 신입 사원의 6개월 내 퇴직률이 이전의 3분의 1로 뚝 떨어진 것이다. 이에 힘을 얻은 임원은 멘토제 시행 내용 일부를 매뉴얼로 만들어 모든 부서가 공유하도록 했다.

이 회사는 조기 퇴직 신입 사원이 아닌 현재 회사에 남아 있는 사원들에게 초점을 맞춰 조기 퇴직을 줄일 묘책을 찾아냈다. 이 또한 발상 전환의 위력이 아니고 뭐겠는가!

Coffee Break

발상을 바꾸면
신천지가 열린다!

뒤집은 질문에 답이 보인다!

뻔하다고? 그럼 확 뒤집어 다시 질문을 던져보라. 역사상 최고의 창의적 인물이라 불리는 사람들은 일반 사람들이 가지는 의문에 늘 뒤집어 다시 질문을 던졌다. 이를 통해 무수한 창의적 발상을 이끌어냈다.

- 포드 자동차의 창업자 헨리 포드(Henry Ford)는 어떻게 노동자들을 일감이 놓인 생산현장으로 이동시킬지 묻는 대신에 어떻게 일감이 노동자들에게 다가오게 할지를 물었다. 이를 통해 마침내 컨베이어 라인을 떠올릴 수 있었다.

- GM의 CEO 알프레드 슬론(Alfred Sloan)은 어째서 돈을 먼저 지불하고 자동차를 가져야 하는지를 묻는 대신에 어떻게 차를 먼저 가지고 나중에 돈을 낼 수 있을지를 궁리했다. 이를 통해 마침내 '할부 구매'라는 아이디어를 탄생시켰다.

- 에드워드 제너(Edward Jenner)는 사람들이 왜 천연두에 걸리는지 묻는 대신에 어떤 사람들(소나 양의 젖을 짜는 여자)은 어째서 천연두에 걸리지 않는지 의문을 던졌다. 이를 통해 마침내 천연두 백신을 발견할 수 있었다.

- 레오나르도 다빈치(Leonardo da Vinci)는 사람들을 어떻게 물가로 데려갈지를 묻는 대신에 어떻게 하면 물이 사람들에게 다가올지를 궁리했다. 이를 통해 마침내 최초의 근대적인 배관 시스템을 구상하게 되었다.

- 자쿠지(Jacuzzi) 형제는 어떻게 해야 관절염 환자를 위한 거품 욕조가 인기 상품이 될 수 있을까를 고민하는 대신 '여유가 있는 사람들 중에는 왜 관절염으로 고생하는 사람이 적을까?' 하는 의문을 가졌다. 이를 통해 거품 욕조를 부유층 대상의 사치품으로 판매해 큰 히트를 쳤다.

명심하라. 최고의 해결책은 늘 어떤 사건이 발생한 곳에 존재하는 것이 아니라, 그 이면이나 대척점, 뒤집어 발상할 때 존재한다는 사실을!

전투기가 추락한 이유?

다음은 〈중앙일보〉(2012.1.7.) 기사의 한 꼭지다.

세이브 더 칠드런(Save the Children)의 베트남 지부장 제리 스터닌은 1990년, 베트남 어린이들의 영양실조를 해결하고자 할 때 쓸데없는 원인 파악에 매달리지 않았다. 그 대신 영양실조에 걸리지 않은 어린이들을 관찰해 해법을 찾았다. 놀랍게도 이들의 부모들은 아이들이 소화를 잘 시킬 수 있도록 하루에 네 번 식사를 조금씩 나누어 먹였고, 고구마 잎으로 밥을 싸 먹였다. 스터넌은 6개월 만에 베트남 어린이의 영양 상태를 개선했다.

제리 스터넌은 문제를 해결하고자
영양실조에 걸린 어린이 대신
영양실조에 걸리지 않은 어린이에게 초점을 맞추어
해결책을 찾아낼 수 있었다.

제2차 세계대전 당시의 일화다. 연합군의 전투기는 적에게 격추당해 눈덩이처럼 피해가 늘고 있었다. 그 방지책의 일환으로 수뇌부는 전투기에 방탄재를 씌우기로 했는데, 문제는 그 위치를 결정하는 일이었다. 무게 때문에 동체 전부에다 방탄재를 씌울 순 없었다. 담당자는 귀환한 전투기에 남아 있는 모든 탄환 자국을 체크한 결과, 특정한 두 부위에 유독 총탄 자국이 적다는 걸 발견했다.

여기서 질문이다. 당신이라면 어디에다 방탄재를 씌우겠는가?

- 총탄 자국이 많은 특정 부위
- 총탄 자국이 적은 특정 부위

상식적으로 판단한다면, 총탄 자국이 많은 부위에다 방탄재를 씌워야 한다. 하지만 통계학자는 총탄 자국이 훨씬 적은 부위에 방탄재를 씌워야 한다고 주장했다. 왜 그런 주장을 한 걸까? 우선 전투기는 일정한 규칙 없이 무작위로 격추된다. 이 문제를 접하는 일상적 관점은 무사 귀환한 전투기일 수 있으나, 역발상을 하면 격추되어 귀환하지 못한 전투기에 남아 있을 총탄 흔적에 주목해야 옳다.

즉, 귀환하지 못한 전투기는 특정 부위에 적의 수많은 총탄을 맞아 추락했다는 의미다. 반면에 특정 부위에 총탄 흔적이 적다는 건 전투 중 치명상을 입지 않았다는 뜻이고, 덕분에 전투기는 무사 귀환할 수 있었다.

결과적으로 방탄재를 씌워야 하는 부위는, 치열한 전투를 겪고도 무사히 기지로 돌아온 전투기 가운데 '총탄에 맞은 흔적이 적은 부위'다.

이처럼 총탄 자국이 많은 부위에 관심을 가지는 대신에 그 흔적이 상대적으로 적은 부위에 초점을 맞춰 원인 분석을 함으로써 난제를 해결할 수 있었다.

창의력을 연구할 때도
창의적인 사람이 아닌,
창의력이 부족한 사람을
대상으로 연구하는 게
문제 해결에
도움이 될 수 있다!

세상에
그 어떤 것도
똑같지
않다

07

해변에 널린 수많은 돌멩이!
모두 '돌멩이'라는 이름 하나로 통칭되지만
어느 것 하나 똑같은 게 없다.

돌멩이 하나도 그러한데
만물의 영장 인간이야 오죽하랴!

동조,
창의적 발상의 날도둑!

모두가 비슷한 생각을 한다는 건
아무도 생각하고 있지 않다는 얘기다.
−알베르트 아인슈타인

개념 상실남 등장!

한 마을에 어딘가 약간 모자라 보이고 말도 어눌한 청년이 살았다. 청년의 지능(IQ)은 평균 이하였으나 달리기 하나만큼은 누구보다 출중했다. 마침내 그가 달리기 시작했다. 딱히 어떤 이유가 있었던 건 아니었다. 하지만 그는 달리기를 무려 3년 반이나 이어갔다. 처음엔 그런 그에게 아무도 관심을 갖지 않았지만 언론에 소개되면서 일약 스타가 되었다.

그러자 다른 사람들도 그의 뒤를 따라 달리기 시작했다. 달리는 동안 청년의 머리와 수염이 텁수룩해지면서 성자(聖者)의 풍모로 바뀌었다. 사람들은 그를 진정한 성자로 여기며 계속해서 함께 달렸다.

그러던 어느 날, 청년은 달리는 걸 그만두었다. 물론 이때도 특별한 이유가 있었던 건 아니다. 단지 더 이상 달리고 싶지 않았을 뿐이었다. 그를 따라 달리던 사람들은 목표 의식을 잃고 낙담해 하나둘 그의 곁을 떠났다. 그동안 많은 사람이 청년이 달리니 따라서 달렸고, 청년이 멈추니 따라서 멈추었다.

다들 짐작했겠지만, 이는 톰 행크스 주연의 영화 〈포레스트 검프(Forrest Gump)〉의 내용이다.

혹시 당신도 영화 속 주인공 검프를 따라 무작정 달리고 있는 사람이 아닌가?

온 국민의 일요일 저녁을 유쾌하게 만들어 주는 TV 프로그램이 있다. 〈개그콘서트〉가 그 주인공이다. 900회 이상 방송된 국민들이 사랑하는 장수 프로그램이기도 하다. 한때 이 방송의 터줏대감 역할을 했던 '봉숭아학당'을 기억하는가. 개그맨 이정수가 선도 부장으로 등장해 이렇게 외쳤다.

"천상~천하~ 유아~독~ 존!"

그러고는 혼자 놀기의 진수를 보여주어 웃음을 자아냈다. '천상천하유아독존'은 금세 유행어가 되었고 그러는 동안 오해(誤解)도 함께 쌓여갔다. 일부 시청자들은 지금도 '천상천하유아독존'의 의미를 '이 세상에는 나 혼자만 존재한다'는 정도로 이해하고 있다. '독존'의 '존'을 존재의 '존

(存)'으로 인식한 탓이다. '천상천하유아독존(天上天下唯我獨尊)'의 본래 의미는 '이 세상에서 내가 가장 존귀한 존재다'라는 것이다. 더 정확하게 말하면 '우주(만물)의 생물들은 저마다 가장 존귀한 존재니 소중히 대하라'라는 의미를 담고 있다. 이 말은 본시 석가모니가 탄생 직후 하늘과 땅을 가리키며 그렇게 설파한 것이다.

실제로 70억 지구촌 구성원 가운데 나 자신과 동일한 외모나 두뇌, 성격을 가진 존재는 없다. 절대자 신(God)은 나 자신 외에 그 누구도 빚어내지 않았다. 우리들이 가진 DNA가 부동의 증거가 아닌가.

그것을 수긍한다면 동조가 아닌 자신만의 개성을 마음껏 표출해야 옳다. 우리가 가진 지문(指紋)은 물론 얼굴도, 복장도, 신장도 다르듯 '생각의 지문'도 달라야 한다. 그런 개성들이 서로 얽혀야 우리 사회에서 다양한 발상이 가능해진다. 그런데 우리 사회는 어떤가? 딱 요런 분위기가 지배한다.

삼겹살집에서 영업부 신입 사원 환영회가 열렸다. 이때 먼저 팀장이 입을 뗐다.

"술은 뭐로 할까? 소주? 맥주? 폭탄주도 좋고, 막걸리도 괜찮아."

이때 정적을 깨는 신입 사원의 한마디!

"저는 레드 와인으로 할래요."

다음 날, 창사 이래 완전 '개념 상실남' 한 명이 영업부에 들어왔다는 소식이 사내 SNS를 뜨겁게 달궜다.

오리지널로 태어나 카피로 죽다!

경영 구루(guru, 권위자) 중의 구루라 칭송받는 톰 피터스가 힘주어 말했다.

"두 사람이 업무에 대해 항상 같은 의견을 갖고 있다면, 그중 한 사람은 불필요한 사람이다."

한마디로 서로 다르다는 것, 그래서 부딪히고 갈등이 있다는 것은 어떤 의미에선 신의 축복이다. 분란과 오해의 소지도 있겠지만 서로 다른 무수한 생각을 재조합하고 재배치하는 동안 구성원들은 새롭고 높은 수준의 발상과 전환이 가능해지기 때문이다.

상대방의 주장에 자기 의견을 일치시키거나 보조를 맞추는 걸 '동조'라고 부른다. 기득권이 명확하고 권위 의식이 강한 조직일수록 동조가 전염병처럼 창궐할 확률이 높다. 이는 구성원들이 기득권에 편승하려는 이기심과 권위에 순종해 눈 밖에 나지 않으려는 조직 분위기 탓이다.

호리바 제작소의 호리바 마사오(堀場雅夫) 회장은 얘기한다.

"나와 같이 일하는 사람은 나와 다른 생각을 가지고 있어야 존재 가치가 있다. 나와 똑같은 생각을 갖고 있다면 차라리 그 월급을 내게 달라고 말하고 싶다."

GM의 CEO였던 알프레드 슬론(Alfred Sloan)도 이렇게 주장했다.

"모두가 만장일치로 특정 사안에 합의했다고 가정해보자. 나는 이 문제를 다음 번 회의로 한 차례 더 연기하는 편이 낫다고 본다. 각자가 이 문제에 대해 다른 목소리를 낼 수 있을 때까지 말이다."

미국의 최연소 대통령이자 지금까지도 많은 존경을 받는 존 F. 케네디는 이런 말로 동조의 위험성을 경고한 바 있다.

"동조는 자유를 감시하는 간수며 성장의 적이다."

당신도 자신만의 개성을 가린 채 늘 주변 상황에 편승하고 권위에 잽싸게 동조하는 삶을 살고 있다면, 동력을 상실한 죽은 물고기와 다를 바 없다. 육체는 살아 있으나 정신은 이미 죽은 인간이다.
《논어》〈자로편(子路篇)〉에 등장하는 경구다.

군자(君子)는 화이부동(和而不同)이요, 소인(小人)은 동이불화(同而不和)라.

군자는 화합하고 조화롭게 어울리지만 개성을 버려가면서까지 모든 견해에 '같게 되기'를 요구하지 않고, 소인배들은 개성을 버려가면서까지 '같게 되기'를 요구하지만 화합하고 조화롭게 어울리지 못한다는 뜻이다.

즉 군자는 상대방의 차이점을 인정하고 화합을 통해 목적을 추구하지만, 소인배는 자기와 다른 점을 가진 사람은 아예 무시해버린다는 뜻이 아니겠는가! 공자는 진정한 발상 전환은 군자의 자세에서 표출된다는 점을 2,500년 전에 이미 꿰고 있었다.

오늘날 우리 사회에선 동조하지 않을 때보다 동조했을 때 얻는 이득이 훨씬 크다. 지나치게 균질화되고 경직화된 분위기에 갇혀 윗분(?)들의 눈치나 보는 두뇌들에게, 창의적 발상을 기대하기란 애당초 무리다.

잊지 마라. 사람의 머릿수만큼이나 다른 관점이 존재한다는 인식이야말로 창의력의 출발점이요, 발상 전환의 단초다.

그렇다면 당신의 독서 습관은 어떤가? 특정 서점에서 제공하는 베스트셀러 목록만 보고 다른 사람들이 읽은 책을 따라서 읽지는 않는가? 많은 사람이 추천한 책을 읽으니 책을 선정하느라 고민하지 않아도 되고, 시류를 읽을 수 있다는 장점은 분명 존재한다.

그러나 당신이 베스트셀러만 읽는다는 건 대중과 동일한 사고를 한다는 사실을 가리킨다. 당연히 다른 사람들과 동일한 발상을 하게 될 가능성이 높아진다. 그로 인해 당신 발상에서 독창성이나 차별성을 찾는다는 건 허망한 꿈일지도 모른다.

사진 속
주인공을
찾아라

08

위의 사진 이력에 대한 내용은 이렇다.

언제: 1889년에
어디서: 뮌헨 소재의 한 초등학교에서
누가: 초등학생 52명이
무엇을: 사진을 찍었다.

이제 페이지를 넘겨라.

세상의 **기준**을 **거부**하다!

우리는 다른 사람과 똑같이 되기 위해서
자기 자신의 4분의 3을 잃어버린다.
—아르투르 쇼펜하우어

타협과 상식, 전례를 무시하다

앞에 제시한 흑백사진을 유심히 봤는가? 사진이 촬영된 장소는 독재
자라는 부정적 평가와 경제 부흥을 이끈 지도자라는 긍정적 평가를 함
께 받는 철혈(鐵血) 재상 비스마르크가 통치하던 독일이다. 촬영 시기는
그가 28년간 재상으로 군림하다 물러나기 직전 해인 1889년이다. 또한
사진 속의 주인공들은 독일 뮌헨 소재의 '루이트폴드 김나지움(Luitpold
Gymnasium)'에서 함께 공부한 52명의 학우다.

자, 이제 질문!
사진 속의 52명 학생 중에
특이한(?) 학생 한 명을 찾아보라.

100년도 더 된 사진이라 선명도가 떨어져 금방 찾지 못할 수도 있다. 필자에게 이러한 질문을 받은 사람들은 사진 속 학생들의 포즈를 한 명씩 자세히 살피다 이렇게 말한다.

"세 번째 열, 오른쪽에서 두 번째 학생!"
"두 번째 열, 왼쪽에서 세 번째 학생!"
"맨 위쪽 오른쪽에서 다섯 번째 학생!"

그 이유를 물으면 앞 친구의 어깨에 두 손을 올리고 있다거나 목에 유일하게 스카프를 두르고 있다거나 옆 친구 어깨에 왼손을 걸치고 있다는 등의 설명이 뒤따른다. 이 모두 필자가 원하는 답은 아니다. 이때 필자는 다른 학생들과 달리 동조를 거부하고 있는 '얼굴(표정)'을 찾으라고 주문한다.

그러면 잠시 뒤에 "맨 앞 열, 오른쪽에서 세 번째 학생!"이라는 답이 튀어나온다.

딩동댕~ 정답이다.

51명의 학생은 모두 엄숙한 표정을 짓고 있는데, 이 학생만큼은 엷은 미소를 짓고 있다. 잘 모르겠다고? 다시 한 번 유심히 살펴보라.

자, 질문 하나를 더 던진다.
엷은 미소를 짓고 있는 이 학생은 대체 누굴까?

이번 질문이 더 어려울지도 모르겠다. 시사 주간지 〈타임(Time)〉에서 20세기 마지막 날인 1999년 12월 31일 자에 '20세기 가장 위대한 인물 (The person of the century)'을 발표했다. 주인공은 바로 20세기 슈퍼 지성이요, 물리학자인 '알베르트 아인슈타인(Albert Einstein)'이었다.

앞 사진 속 엷은 미소의 주인공은 아인슈타인이다. 그의 나이 10세 때의 모습이다. 아인슈타인은 1889년에 이 학교로 전학을 왔다. 학교는 전형적인 독일식 학교로, 매우 위압적인 선생님들이 학생들에게 복종심을 가지도록 강요했다. 그런 환경은 아인슈타인으로 하여금 교육적 권위에 대해 증오심을 가지게 했다.

그런 증오심의 표출인지 사진 속의 아인슈타인은 당시 분위기를 비웃기라도 하듯 엷은 미소를 짓고 있다. 다른 학생들은 사진사의 지시에 따라 독일의 무겁고 엄숙한 분위기를 그대로 반영해 모두 차렷 자세에 굳은 표정으로 일관한다.

사진이 인화되고 난 후 그런 모습을 발견한 담임선생은 아인슈타인을 교무실로 불러 호되게 야단치지 않았을까 하는 멋쩍은 상상도 해본다. 물론 한국적 발상이다.

그러고 보니 획일화되거나 정답 찾기에만 몰입하는 학교가 발상의 또 다른 장애물로 보인다.

지오데식 돔(geodesic dome)으로 유명한 건축학자 리처드 벅미니스터 풀러(Richard Buckminister Fuller)는 "어떻게 하면 당신처럼 천재가 될 수 있느냐?"는 질문을 받자 이런 답을 했다.

"저는 천재가 아닙니다. 다만 남들보다 학교 제도의 피해를 덜 입은 사람일 뿐입니다."

그러고 보니 빌 게이츠도, 스티브 잡스도, 마크 저커버그도 모두 대학을 중퇴했다. 이들 모두 학교 제도의 피해를 상대적으로 적게 입어 자신에게 잠재된 창의적 발상을 마음껏 펼쳤는지도 모른다.

권위에 저항한 발상 천재

아인슈타인의 예에서 보듯 창의적 인간의 가장 큰 특징은 상황의 지배를 받지 않으며(동조 거부), 항상 기존의 원칙을 깨뜨린다는 점이다.

빈센트 라이언 루기에로(Vincent Ryan Ruggiero)는 "생각은 탄생하는 것이 아니라 만들어지는 것이다"라고 주장했다. 그는 저서 《생각의 완성》에서 한 인간의 삶의 과정을 드라마틱하게 소개했다.

• 그는 눈에 잘 띄지 않는 학생만이 아니었다. 어떤 교사는 그에게 쌀쌀맞게 말했다. "넌 앞으로 무슨 일도 할 수 없을 것이다."

- 15세 때 그는 학교를 그만두라는 제안을 받았다.
- 그는 취리히의 스위스연방공과대학의 첫 입학시험 당시 시험에 떨어졌고, 지원 자격을 얻기 위해 1년 동안 스위스의 어느 고등학교에 다녀야 했다.
- 그는 스위스연방공과대학에서 중간 정도의 성적을 받았는데, 눈에 잘 띄지 않는 학생이다 보니 교수들도 대학원 조교로 받아주지 않았고, 취직에 필요한 추천장도 써주지 않았다.
- 이후 그는 어느 기숙학교에서 교사로 일했지만 얼마 되지 않아 해고당했다.
- 그는 공과대학에 열역학에 관한 내용의 박사 논문으로 제출했다. 그러나 이 논문은 거절당했다.
- 4년 뒤, 그는 베른 대학에 특수상대성 이론에 대한 논문을 제출했다. 그러나 이 논문 역시 거절당했다.

20세기 최고의 창의적 인물로 꼽히는 아인슈타인이 이른바 세계적 명성을 얻기 이전에 맛보아야 했던 고된 삶을 소개하고 있다. 어른들의 눈에 어린 시절의 그는 건방지면서도 거만한 아이로 비춰졌다. 그는 항상 자기 생각을 믿고 자신의 판단을 우선시하는 행동을 취했다. 좋아하는 과목은 최고의 성적을 받았지만 별 흥미를 느끼지 못한 과목은 완전히 무시해 교사를 경멸하는 것과 같은 태도를 보이기도 했다.

타협과 상식, 전례를 무시하고 단번에 핵심을 꿰뚫는 언동은 주변과의 마찰로 이어진다. 아인슈타인은 종종 개인주의자라고 비판받았고, 가장(家長)으로서는 완전히 실격자였다.

한편 아인슈타인의 아버지는 사업과 건강이 모두 악화되어 아들에게 거의 도움을 주지 못했다. 역으로 아인슈타인도 아들로서 아버지와 가족에게 아무 도움이 되지 못한다는 생각에 괴로워했다. 그는 학생이었을 때도 아버지 문제로 크게 걱정하고 심지어는 절망하기도 했다.

나를 가장 우울하게 만든 건 불행하게도 가여운 부모님이 행복한 순간을 맛본 지가 너무 오래되었다는 점이다. 나를 더 아프게 한 것은 내가 어른이 되고서도 아무것도 하지 못하고 그저 지켜볼 수밖에 없다는 사실이다. 결국 나는 우리 가족한테 짐밖에 되지 못한다. 차라리 죽어버렸으면 좋겠다는 생각이 든다.

미국 댈러스 대학 토머스 웨스트(Thomas G. West) 교수의 저서《글자로만 생각하는 사람, 이미지로 창조하는 사람》에 소개되어 있는 아인슈타인의 침울한 과거사 한 토막이다.

실제로 아인슈타인은 1900년에 연방공과대학을 졸업한 뒤 일 년의 시간을 대부분 무직 상태로 보냈다. 안정적인 직장을 얻지 못한 채 이듬해도 시간을 그냥 흘려보냈다. 교사 자리를 알아보려고 했지만 계속 실패했다.

그런 아인슈타인을 지켜보는 아버지의 마음도 꽤나 편치 않았던 모양이다. 아들이 일자리를 구하지 못한 채 거의 1년이라는 시간을 보내자 아버지는 마침내 교수에게 도와달라는 간곡한 내용의 편지를 보냈다.

존경하는 교수님, 이렇게 제 아들을 도와주십사 요청하고자 펜을 든 이 못난 애비를 용서해주시기 바랍니다. (중략) 아들은 지금 일자리를 구하지 못해 크게 낙담한 채 지내고 있으며, 하루가 다르게 그 아이의 머릿속에는 자신이 실패자이고, 모든 것을 제자리로 되돌리지 못할 것이라는 생각이 강하게 자리 잡아가고 있습니다. 더구나 그 애는 자신이 넉넉하지 못한 살림에 짐이 된다는 생각에 크게 우울해하고 있습니다. (중략) 〈물리학 연보〉에 실린 아들의 논문을 한 번 읽어보시고, 우리 애가 생활과 일에서 즐거움을 찾도록 힘내라는 격려의 말이라도 몇 줄 적어 보내주셨으면 하고 간청하는 바입니다. 아울러 행여 그 애에게 지금이나 가을쯤에 조교 자리라도 하나 주실 수 있다면 그 은혜는 절대 잊지 않겠습니다. 이런 무례한 편지를 보내게 되어 다시 한 번 죄송하다는 말씀을 드리며, 참고로 아들은 제가 이런 편지를 보낸 것을 모르고 있습니다.

자신의 편지로 인해 아들이 상처라도 받을까 조심스러워하는 부모의 애절한 심정을 엿볼 수 있다. 비단 아인슈타인만이 아니라 우리가 알고 있는 훌륭한 인물 중 상당수는 어릴 적 학업에 문제가 있었거나 사회 적응에 많은 혼란을 겪었다. 특히 조직의 동조를 거부하면서 야기된 문제가 많았다. 하지만 **그들의 캐릭터는 훗날 자신만의 고유 영역 개척에 큰 원동력이 되었다.**

"저는 천재가 아닙니다.
다만 남들보다
학교 제도의 피해를
덜 입은 사람일 뿐입니다."

그녀를 차버렸다!

우리 이제 헤어져!

"나, 너 없인 못살아."
"나도!"

K(남)와 A(여)의 대화 내용이다. 두 사람은 면사무소 인근의 초등학교와 중학교를 함께 다닌 동창이다. 학생 수가 적은 시골 학교라는 외적 환경과 내성적이라는 동질감 때문인지 두 사람은 무척 가깝게 지냈다.

이후 K는 읍내 남고로, A는 여고로 진학했다. 몸이 멀어지면 마음도 멀어진다고 했던가! 하지만 두 사람은 그러한 상투적 생각을 비웃기라도 하듯 더욱 깊은 관계로 발전했다. 그 때문에 양쪽 집안에서는 이 두 사람이 사회인이 되면 당연히 결혼을 할 것이라 생각했다.

K는 졸업과 동시에 읍내의 작은 금형 회사에 취직했다. 집에서 읍내까지 30여 리 되는 거리를 버스로 출퇴근하기를 6개월! 매일 버스 시간을 맞추는 게 불편했던 K는 그동안 모은 돈과 부모님의 도움으로 소형차 한 대를 뽑았다.

이튿날, K는 생애 처음으로 차를 몰고 출근을 했다. 왜 사람들이 차를 모는지 이 제야 이해가 되는 것 같았다. 그는 사무실에서도 차에 대한 벅찬 가슴을 주체하지 못했다. 마침 그날은 수금을 하는 날이었다. 사장은 K에게 여직원 M과 함께 농협 에서 돈을 찾아오라고 했다. 평소에는 여직원 혼자 다녀왔지만 얼마 전 읍내에서 날치기 사건이 터지면서 K에게 도움을 청한 것이다.

K는 내심 기뻤다. 그는 천천히 걸어가면 5~6분이면 도착할 거리를 굳이 차를 타고 이동하려 했다. 그는 M을 운전석 옆 좌석에 태우고 시동을 걸었다. 엔진의 진동이 뼛속까지 울려 퍼지는 기분이었다. M은 K보다 세 살 많은 선배였지만 자 신의 애마에 처음으로 타는 여성이었다. 그 사실이 왠지 K의 마음을 더욱 설레게 했다. 두 사람의 대화 주제는 새 차였다. 분위기는 금방 달아올랐다. 차종, 색깔, 내 장, 가격, 면허 경력 등의 내용이 정신없이 오갔다.

폭풍우가 치기 전에 먹구름이 모인다고 했던가. 대화에 빠져 있던 K는 신호등 에 빨간불이 들어온 것을 미처 발견하지 못했다. 그는 횡단보도를 건너는 어린아 이가 눈에 들어오고서야 급하게 브레이크를 밟고 핸들을 왼쪽으로 꺾었다. 그 바 람에 차가 기우뚱하더니 미끄러지면서 90도를 굴렀다. 다행히 반대편 도로에 지 나가는 차가 없어 대형 참사는 면했다.

어느 정도 시간이 흘렀을까. 의식을 차린 K는 자신의 왼쪽 팔에 무겁고 딱딱한 깁스가 대 있는 걸 확인했다. 지끈지끈 두통이 몰려왔다. K는 약간의 뇌출혈 흔적 이 보이기는 하지만 수술을 할 정도는 아니라는 의사의 말에 마음을 놓았다. 그 순 간 함께 차에 타고 있던 M의 상태가 궁금했다. 옆에서 간병을 하고 있던 어머니에게 소식을 물었더니 어머니는 착잡한 표정으로 입을 뗐다.

"사고 후에 곧바로 서울에 있는 대학병원으로 옮겨 갔어."

K는 답답한 나머지 회사 사장에게 전화를 걸어 M의 자세한 근황을 물었다. 잠시 뒤 휴대전화 너머로 들려온 사장의 말에 K는 정신이 아찔해졌다.

"다른 곳은 크게 다치지 않았는데, 얼굴을 크게 다쳤어. 여자가 얼굴을 그렇게 다쳐서 참…."

K는 결국 3일 만에 병원을 뛰쳐나와 서둘러 대학병원을 찾았다. 하지만 M의 얼굴을 볼 수 없었다. 그녀의 얼굴은 두 눈과 입을 제외하고 하얀 붕대로 칭칭 감겨 있었다. 병실을 지키고 있던 그녀의 홀어머니는 땅이 꺼지게 한숨과 한탄을 쏟아냈다.

"이를 어째, 얼굴이 망가져서 평생 흉터를 가지고 살아가게 생겼어."

딸 하나만 바라보며 살아온 어머니는 급기야 눈물을 펑펑 쏟았다. M의 어머니 앞에서 K는 숨조차 제대로 쉴 수 없었다.

죄책감에 빠져 몇 날 며칠을 고민하던 K는 비장한 각오로 M이 입원한 병실을 다시 찾았다. 그러고는 M의 어머니 앞에서 무릎을 꿇고 이렇게 간청했다.

"M의 인생을 책임지겠습니다. 결혼하게 해주세요."

며칠 뒤, K는 여자 친구 A를 불러냈다. K는 A를 앞에 두고 한참을 통곡하다가 이 한마디를 내뱉고 자리를 뛰쳐나왔다.

"우리 헤어지자."

갑작스러운 이별 소식에 A는 주체할 수 없을 정도로 큰 충격에 빠졌다. 그녀는 그날부터 식음을 전폐한 채 앓아누웠다. 사흘째 되는 날, A는 결국 자신의 방에서 목을 맸고, 남동생에게 발견돼 급히 병원으로 옮겨졌다. A는 다행히 목숨을 건졌지만 목을 지나는 신경에 문제가 생겨 하반신 마비 판정을 받았다. A는 더 이상 두 다리로 세상을 디딜 수 없게 되었다.

창의적 스토리의 생산자

〈한국경제〉(2012.5.15)에 김희옥 동국대학교 총장이 이런 글을 실었다.

"아가야, 이제부터 네가 뒷이야기를 만들어보렴." 어머니가 어린 아들에게 말했다. 아들은 아슬아슬하게 진행되던 이야기가 절정에 도달한 순간 전달자인 어머니가 더 이상 이야기를 들려주지 않자 당황했다. 성의 옥탑 감옥에 갇힌 공주를 구출하기 위해 온갖 위험을 무릅쓴 왕자가 마지막 관문인 용과 마주쳤을 때, 그만 이야기가 끊어진 것이다. 아들은 다음에 일어날 사건의 다양한 가능성에 대해 생각해야 했다. 아들은 후일 세계의 대문호가 된 괴테다.

아이 셋을 기르고 있는 필자의 경험에 비춰봐도 아이들에게 책에 나와 있지 않은 새로운 일들을 스스로 연결 짓고 발상하며 이를 재미있는 얘기로 변형시켜가는 작업은 꽤 유익하고 소중하다.

K를 둘러싼 사연은 참으로 가슴 저리다. 자, 그렇다면 이제부터 그 후에 전개될 스토리를 직접 만들어보라. 가령 앞 얘기가 가슴 아프다면 해피엔딩으로 스토리

를 바꾸면 된다. 지금부터는 당신이 작가, 창의적 스토리의 생산자가 된다.

자, 짧은 글 하나를 더 소개한다.
집중해 읽어보기 바란다.

정말 돌아버릴 것만 같다. 수시로 분노가 미친다. 사랑이 머문 자리에도, 지나간 자리에도 고통의 흔적은 남는다. 흔히 남자는 로맨틱한 사건으로 사랑을 기억한다고 한다. 나 역시 예외가 아니다.

그녀를 떠나보낸 지 어느새 두 달 하고 3일째! 그녀에게 이별을 고한 날, 하늘은 온종일 구슬픈 비를 뿌렸다. 우산을 어깨에 걸친 채 저벅저벅 집으로 돌아오는 내내 얼마나 울었는지 모른다.

대학 시절부터 외톨이였던 나를 무려 10년 동안 묵묵히 옆을 지켜준 그녀. 하지만 나는 더 나은 삶을 꿈꾸며 그녀를 매정하게 차버렸다. 이젠 그 어디에서도 그녀의 온기를 느낄 수 없다. 보고 싶은데, 더 이상 볼 수 없다. 허전하단 말로는 뭔가 부족하다. 달리 표현할 길이 없지만 아픈 결핍감은 뚜렷하다.

이후 주변 일들이 모두 성가시게만 느껴졌다. 한 달 내내 손이 떨리고 심장 고동이 수시로 최고점을 찍었다. 이따금 헛것이 보이기까지 했다. 하루라도 너를 안 보면 미칠 것 같았다. 더 고통스러운 것은 마음의 병, 우울증이었다. 상처 입은 손으로 일을 할 수는 있지만, 상처받은 마음으론 아무것도 할 수 없었다.

식사를 마친 뒤엔 여전히 베란다로 발길이 옮겨진다. 고층 아파트 사이로 몰아치는 매서운 바람이 뼛속까지 몰아친다. 그럼에도 쉽사리 발이 떨어지지 않는 건 오랫동안 함께한 그녀에 대한 아련함 때문이다!

그동안 그녀는 가족의 강력한 반대와 갖은 수모를 홀로 감당해야 했다. 언젠가부터 모든 가족이 그녀와 마주하는 걸 철저히 거부했다. 그녀 몸에 밴 특유의 냄새가 너무 역겹다며, 심지어 구린 화장실 냄새가 풍긴다며 그녀를 피했다. 가까운 이웃들도 그녀와 마주치는 걸 싫어했다.

이제야 밝히지만 나는 그녀의 강한 체취에 매료돼 교제를 시작했다. 일에 쫓기다, 술을 마시다 자투리 시간이 나면 어김없이 그녀를 찾았다. 슬픔을 제외한 모든 건 시간과 더불어 커진다고 하는데, 내겐 슬픔만 커져가고 있다.

혹시 그녀의 존재를 눈치챘는가? 주인공은 바로 '담배'다.

이젠 또 다른 존재, 이를테면 '술'로 당신만의 스토리를 펼쳐보라.

_____

_____

_____

_____

_____

_____

_____

_____

PART

3

발상 전환
기법

당신은 아마 이렇게 생각할 것이다. '창의력은 나와 무관하다. 그것은 오로지 CEO와 발명가, 연구 개발팀, 예술가들에게 필요한 것이다' 이런 주장은 분명 40년 전 산업 시대에는 합당했다. 하지만 오늘날 창의력 계발은 모든 사람의 일이다. 바로 당신의 일인 것이다.

– 조쉬 링크너의 《창의는 전략이다》 중에서

호기심
천국
이라고?

01

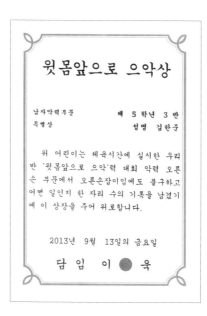

윗 몸앞으로 으약상

남자악력부문   제 5 학년 3 반
특별상   성 명 김한준

위 어린이는 체육시간에 실시한 우리
반 '윗몸앞으로 으약'력 대회 악력 오른
손 부문에서 오른손잡이임에도 불구하고
어떤 일인지 한 자리 수의 기록을 남겼기
에 이 상장을 주어 위로합니다.

2013년 9월 13일의 금요일

담 임 이 ● 욱

내 자지

오줌이 누고 싶어서
변소에 갔더니
해바라기가
내 자지를 볼라고 한다.
나는 안 비에 줬다.

이오덕의《일하는 아이들》중
안동 대곡분교 3학년 이재흠 학생의 글

초딩의 **기상천외**한 발상!

"엄마, 내 눈에 김치가 들어갔어요."
자고 일어난 아이가 빨갛게 충혈된 자신의 눈을 보고 내뱉은 말

로또 2등 당첨금이 1등보다 많은 이유

인터넷 세상을 헤엄치다 유쾌한 초딩(초등학생)의 발상과 만났다. 그들의 기발한 시험 답안 속으로 빠져보자. 오랜만에 껄껄 소리 내어 웃게 될 것이다.

1. 꿈속에서 '만나고 싶은 사람'과 그 사람과 '하고 싶은 일'을 상상하며 쓰시오.
(1) 만나고 싶은 사람: 전지현 누나
(2) 하고 싶은 일: 알면서
2. 화장실을 이용할 때 화장실 문을 열기 전에 해야 하는 일을 쓰시오.
- 자꾸를 내린다.

3. 산에서 밥을 지어 먹으면 안 되는 까닭을 쓰시오.
- 거지로 오해 받을까 봐.

머리가 굵은 어른이라면 애당초 이런 식의 발상은 불가능할지도 모른다. 어떻게 아이들의 머릿속에서 이런 기상천외한 답변들이 튀어나오는 걸까? 딱딱하게 굳어버린 고정관념 같은 것이 존재하지 않을 때는 그 어떤 상상의 나래도 펼칠 수 있나 보다.

오래전 주말 오후로 기억된다. 당시 초등학교 1학년이었던 필자의 둘째 아들이 도서관에서 빌려온 만화책을 넘기며 낄낄대고 있었다. 옆에서 신문을 뒤적이며 연신 하품을 쏟아내고 있는 필자에게 녀석이 불쑥 말을 걸어왔다.

아이: 아빠!
필자: 으응, 왜?
아이: 2가 1보다 작아요.
필자: 무슨 뚱딴지같은 소리야?
아이: 첫째인 형보다 둘째인 제가 키가 더 작잖아요.
필자: ……!

뭔가로 머리를 한 대 얻어맞은 기분이었다. 곰곰이 생각해보니 둘째 아이의 말처럼 2가 반드시 1보다 큰 법은 없다!

로또 2등 당첨금이 1등 당첨금보다 높을 수도 있다. 무슨 말도 안 되는 소리냐고? 하지만 사실이다. 2012년 1월 일본 '로또6'(제625회)에서 1등 당첨금이 1천 6백 9만 5,600엔(약 1.8억 원), 2등 당첨금이 2천 6백 90만 2,500엔(약 2.9억 원)인 믿지 못할 일이 실제로 벌어졌다. 이는 2등 당첨자 수는 7명인데 1등 당첨자 수가 무려 13명이 나왔기 때문이다.

또한 회사에서 No.2인 부사장이 가진 권력은 No.1인 사장보다 적고, 군대에서도 이병은 일병보다 계급이 한 단계 아래다.

필자의 첫째 아이도 유치원생 시절엔 꽤 기발한 질문과 발상을 하곤 했다. 어느 날 아내가 녀석에게 책을 읽어주다 말고 물었다.

아내: 세상에서 소리가 사라지면 어떻게 될 것 같니?
아이: 음, 쫄쫄 굶는 아이들이 많아질 것 같아!
아내: 왜?
아이: 놀이터에서 친구들이랑 노는 데 정신이 팔려서 엄마가 밥 먹으라고 하는 소리를 못 듣게 되잖아.

주말 저녁, 가족과 함께 거실에서 TV를 보고 있었다. 한참 드라마에 빠져 있다가 문득 막내딸을 보니 소파에 누워 졸린 눈을 비비고 있었다.

필자: 소파에서 자지 말고 방에 들어가서 자.

막내딸: 안 자요. TV 보고 있어요.

필자: 자고 있었으면서 뭘!

막내딸: 아빠도 자고 있으면서.

필자: 아빠가 언제?

막내딸: 아빠 다리, 자고 있잖아요.

필자: 응?

딸은 필자가 발을 거실 바닥이 아닌 소파에 올려놓고 있는 걸 보고 그렇게 표현했다. 이와 같은 기발한 생각들은 한 살 두 살 나이를 먹고 학년이 올라가면서 슬며시 꼬리를 내린다. 대체 왜 그런 걸까? 심히 안타까운 노릇이다. 잠시 허튼 생각이라도 하면 "쓸데없는 생각하지 말고, 똑바로 해!"라는 주위의 강요가 원인은 아닐까? 그게 사실이라면 우리 아이들은 점차 창의력 계발이나 발상 전환 훈련을 잡음이나 소음쯤으로 여길지도 모른다.

어른이 아이가 되는 법

여생이 얼마 남지 않았음을 직감한 한 노인이 조용히 세 아들을 불렀다. 그러고는 그들에게 동전 한 닢씩 건넸다.

"재산을 셋으로 나눠주기엔 돌아갈 몫이 너무 적다. 이 동전으로 물건을 사서 내일까지 창고를 채우도록 하렴. 가득 채운 한 사람에게 내 전 재산을 물려줄 생각이다."

이른 아침부터 시장에 나간 세 아들은 아버지의 전 재산을 차지하기 위해 갖은 아이디어를 짜냈다. 결과는 어떻게 됐을까?

첫째 아들은 짚을 샀다. 그러나 그 짚으로는 창고의 절반밖에 채울 수 없었다. 둘째 아들은 솜을 샀다. 하지만 안타깝게도 창고의 절반을 조금 더 채우는 데 그쳤다. 그렇다면 셋째 아들은 무엇을 샀을까? 그가 산 것은 양초였다. 양초에 불을 붙이자 창고는 빛으로 가득 찼다. 노인은 흐뭇한 미소를 지으며 셋째 아들에게 전 재산을 물려주었다.

어떤 문제의 해결책은 그 문제가 발생할 때와 동일한 이해력 수준에선 찾을 수 없다. 완전히 다른 사고로 문제에 접근할 때 비로소 해결책이 발견된다. 완전히 다른 사고란 바로 동심(童

心)과 가장 가까운 생각이다. 안타깝게도 우린 몸집이 커지고 자라면서 그 많던 동심과 호기심 그리고 초롱초롱한 눈빛을 잃어간다.

짐 랜덜의《창의력, 쉽다》에 등장하는 심오한 한 대목이다.

▶▶ 태어나서 5년 동안 단 한마디도 하지 않은 소녀가 있었다. 그로 인해 부모의 속이 까맣게 타들어갔다. 그러던 어느 날 아침, 소녀가 갑자기 말을 해 가족들을 놀라게 했다. 소녀는 이렇게 말했다.

"이 귀리죽은 너무 뜨거워요."

엄마는 놀라움을 감추지 못하며 물었다.

"오, 세상에! 말을 할 수 있는데 왜 지금까지 하지 않은 거니?"

이에 소녀는 이렇게 대꾸했다.

"말할 만큼 중요한 이야깃거리가 없어서요."

위 이야기의 핵심은 뭘까? '사회로부터 인정받는 시기는 사람마다 다르다는 것'이 아닐까. 전통적인 잣대로 볼 경우 그저 그랬던 사람들이 때로는 세계적인 일인자임이 판명되기도 한다. 그러니 우리 아이들에게 당장 어떠한 성과를 내놓으라고 재촉하는 건 금물이다.

아이들은 학교 교육을 통해 '상식'을 배운다. 정작 문제는 상식의 많은 부분이 고정관념을 전제로 성립된다는 점이다. 그렇게 축적된 고정관념 때문에 뇌가 가득 차 동심이 비집고 들어갈 자리가 사라지고 있다.

동심은 창의적 발상에 불을 댕기는 호기심의 근원이다. 창의력 계발과 발상 전환에 더없이 소중한 존재다. 그렇다면 어떻게 해야 어른이 된 이후에도 동심을 간직할 수 있을까? 어렵지 않다. 평소 딱 세 가지만 실천하면 된다.

첫째, 눈높이를 낮춰 사물을 바라보라.
둘째, 이따금 괴짜가 되어라.
셋째, 끊임없는 호기심의 소유자가 되어라.

이 세 가지를 실천에 옮기기 위해서는 먼저 유치해질 용기가 필요하고, 형이상학적이고 유별난 사람이 되는 것을 두려워하지 말아야 한다. 또한 당장 눈에 보이는 피상적 답을 요구하는 'How'가 아니라, 의문에 꼬리를 무는 'Why'와 'If'를 입에 달고 살아야 한다.

당장 정답으로 가는 길을 묻는 '어떻게'가 아니라 보다 근원적인 질문, 즉 '왜', '만약에'가 붙은 물음으로 바꿔 던지면 우리의 발상은 180도 달라진다. 어떤 목적지에 도달해야 할 필연적 이유를 깨닫는 순간, 인간의 발상과 그 동력은 더욱 커질 수 있기 때문이다.

조지 버나드 쇼는 충고했다.

"합리적인 사람은 자신을 세상에 적응시킨다. 하지만 비합리적인 사람은 세상을 자신에게 적응시키려 애쓴다. 그래서 세상의 모든 발전은 바로 그런 비합리적인 사람을 통해 이루어진다."

잊지 말라.
우리 아이들의 마음(동심)이야말로
비합리적인 생각과
그런 사람을 매우 잘 대변하는

지구상 유일한
존재라는 사실을.

결합 능력이
전부다

02

컴퓨터+휴대폰=스마트폰

다양한 아이디어의 조합은
새로운 발상과 창의적 제품으로
변신한다.

하늘 아래 새로운 것은 무엇일까?

하늘 아래 새로운 것은 없다.
-서양 격언

무에서 유를 창조하는 건 가능할까?

발상을 바라보는 창의적 천재들의 의견은 한결같았다.

"내가 떠올린 게 아니다. 애초부터 그곳에 있었다. 나
는 그걸 새롭게 조합한 것뿐이다."

어느 날 포드 자동차의 창업자 헨리 포드는 이런 질문을 받았다.

"어떻게 무(無)에서 엄청난 유(有)를 일구어낼 수 있었던 것입니까?"

그는 답했다.

"제가 아무것도 없이 시작했다고 말하기는 힘듭니다. 대부분 사람은 그
곳에 있는 모든 것을 가지고 시작합니다. 우리가 필요로 하는 모든 것은

여기에 다 있었답니다."

실제로 포드는 시카고 가축 수용소에서 움직이는 조립 라인을 보고 컨베이어(이동식 조립 라인) 시스템을 개발했다. 우리가 아는 공식 '포드=이동식 조립 라인'이 아니었다.

조선 후기의 정치인이자 실학자요 문인이었던 다산 정약용(丁若鏞). 그는 수원 화성 건축 당시 도르래의 원리를 이용해 작은 힘으로도 무거운 물건을 들어 올릴 수 있는 거중기를 만들어 공사 기간 단축과 비용 절감에 크게 공헌했다. 그는 말한다.

"다른 귀로 듣고, 다른 눈으로 보는 것을 머리와 마음으로 합칠 때 새로운 것이 만들어진다."

정약용은 남들과 똑같은 것을 보고 듣고서도 전혀 다르게 느끼고 해석하며 이를 조합할 때 창의적인 발상과 새로운 제품이 탄생한다는 점을 잘 알고 있었다.

빌 게이츠는 "하늘 아래 정말 새로운 것은 없다. 단지 새로운 조합만 있을 뿐이다"라고 말했고, 스티브 잡스는 "창의력이란 그저 사물들을 서로 연결하는 것이다"라고 설파했다.

전무한 상태에서 전혀 새로운 뭔가를 만들어내는 건 많지 않고, 이미 존재해 있던 요소들의 새로운 조합일 뿐이라는 주장이 창의적 천재들의 공통된 목소리다.

- 휠(바퀴)+의자=휠체어
- 연필+지우개=지우개 연필
- 시계+알람=알람시계
- 비디오게임+운동=닌텐도 Wii
- 홈 무비+인터넷=유튜브
- 전화+휴대(이동)=휴대폰
- 휴대폰+컴퓨터=스마트폰
- 스마트폰+각종 모임=SNS

다음 장에 세월이 흘러 흐릿해진 광고 하나가 보일 것이다. 흰 백지 한 가운데에 자그맣게 'abcdefghijklmnopqrstuvwxyz'라고만 적혀 있다. '무슨 광고가 이래?'라며 떨떠름해하는 독자도 있으리라.

이 광고는 지난 1961년 미국 도서 주간(National Library Week)에 행해진 것이다. 모두 26개로 이루어진 알파벳이 무엇을 할 수 있을까? 놀라지 말라. 이는 셰익스피어의 손을 통해 《햄릿》이 되었고, 마크 트웨인은 이를 《허클베리 핀의 모험》으로 탄생시켰으며, 존 밀턴은 이를 《실낙원》으로 다듬었다. 또한 조앤 K. 롤링은 《해리포터》를 집필해 전 세계 동심을 뒤흔들었다.

이야기를 더 진행시켜보자. 피타고라스는 '1, 2, 3, 4, 5'로 그 유명한 '피타고라스의 정리'를 완성했고, 박경리는 'ㄱ, ㄴ, ㄷ, ㄹ, ㅁ'으로 《토지》를 집필했다. 또한 시오노 나나미는 'あ, い, う, え, お'로 《로마인 이야기》를

집필해 세계인에게 진한 감동을 선사했다.

　어떤 사람들은 새로운 뭔가를 발견했다고 호들갑을 떤다. 예를 들어 보자. 태양계 내 행성 중 가장 신비롭다는 토성. 아름다운 고리(테) 덕분에 늘 사랑받는 행성이다. 토성 고리는 1610년에 갈릴레이(Galileo Galilei)에 의해 최초로 관측되었고, 1656년에 네덜란드 천문학자 호이겐스(Christian Huygens)를 통해 고리라는 게 판명되었다. 토성은 오래전부터 그곳에 있었다. 다만 우리가 1610년 이전까진 그 존재를 몰랐을 뿐이다.

단어와 기록, 색, 원재료와 그 합성물 등도 이미 오래전부터 그 자리에 존재했다. 따라서 발상 전환을 위해 그것들을 새로운 방법으로 결합시키기만 하면 된다. 새로운 것은 없지만 조합과 연결을 통해 얼마든지 색다른 것을 만들어낼 수 있다.

《창의력, 쉽다》의 저자 짐 랜덜은 지적한다.

"완전히 새로운 개념으로 보이는 90% 정도는 기존의 비즈니스 아이디어를 변화시키거나 결합한 것들이다. 구글은 검색 엔진을 발명한 회사가 아니다. 물론 최초로 광고를 판매한 인터넷 회사도 아니다. 구글이 만든 창의적 아이디어라면, 사용자들이 얼마나 자주 클릭을 했고 링크되었는지에 따라 웹사이트의 등급을 매기는 방법을 발전시켰을 뿐이다. 기존 비즈니스 아이디어를 정말 약간 비튼 것뿐이다. 페이스북도 구글과 마찬가지다. 온라인상에서 사진과 프로필 등을 올리고 회원들 간에 소통을 용이하게 하는 아이디어는 마크 저커버그가 페이스북을 창업하기 전에 이미 인기를 얻은 서비스였다. 다시 말해 저커버그가 최초로 개발한 것이 아니다. 그는 약간 비틀기만 했을 뿐이다."

아인슈타인은 "창의력 비결은 누군가의 아이디어(원천)를 숨기는 방법을 아는 것"이라고 했고, 에디슨은 "독창성이란 근원을 숨기는 예술"이라고 했다. 이처럼 20세기 창의력 천재들의 생각은 결국 하나다. 즉 창의

적 발상이란 이미 존재하는 뭔가를 새로운 형태로 재
정리하거나 확장시키거나 결합하고 연결하는 거다. 그
런 발상을 한 번 더 뒤집는 '전환'까지 이뤄질 때 최고의 아이디어가 창출
된다.

이질적인 세계와 만나라

나심 니콜라스 탈레브의 《블랙 스완에 대비하라》에 나오는 글을 소
개한다.

▶▶ 여기 피라미드가 있습니다. 멕시코시티 근처에 있는 피라미드인데 스페인
이 멕시코를 침공하기 전에 번성했던 문명에서 지은 피라미드입니다. 이 피라
미드는 바퀴가 없는 상태에서 건설되었습니다. 노예들을 가혹하게 부려 돌을
하나하나 쌓아 올려 피라미드를 만들었습니다. 바퀴 없이 피라미드를 짓는다는
것은 대단히 어렵습니다. 그러나 정말로 바퀴가 없었을까요? 멕시코시티 박물
관에 있는 완구를 봅시다. 어린이용 완구죠. 아이들은 바퀴 달린 장난감을 가지
고 놀고 있었는데 이 바퀴를 피라미드 건설에 적용할 생각을 못했을 뿐입니다.

그들은 거대한 피라미드를 건설하면서도 그에 필요한 수레를 떠올리
지 못했다. 당시 아이들이 바퀴 달린 장난감을 가지고 놀았음에도 말이
다. 한마디로 조합과 결합 능력이 부족했다.

우리는 살아가면서 그냥 스치는 정도로만 알고 지내다가 우연히 혹은 무심코 접한 사물이나 사건의 심오한 깊이에 소스라치게 놀라곤 한다. 피상적으로 드러나는 것과 감춰진 내면 사이엔 하늘과 땅만큼이나 확연히 다른 괴리 때문이다.

창의적 발상은 종종 타성에 젖은 수백 아니 수천 명과 맞서 싸워야 하는 일종의 반란 행위다. 그래서 하는 말인데, 발상에 메말라 있거나 발상 전환 능력이 결핍돼가고 있다는 생각이 든다면 자신과 전혀 다른 세계의 사람들과 교류해보라.

당신의 취미를 중심으로 다른 사람들과 교류하는 방법도 있고, 운동을 좋아한다면 스포츠 동호회에 가입해 교류의 폭을 넓히는 방법도 있다. 여러 가지 방법 중에서 필자가 가장 추천하고 싶은 건 역시 독서 모임이다. 몇 년 사이 어느 지역에서든 독서 관련 모임이 활발하게 이뤄지고 있다. 주 단위 혹은 월 단위로 책을 선정해 읽고 토론하는 모임이 있는가 하면 매주 한두 차례 저자를 불러 강의를 여는 곳도 있다.

이런 모임에 참여하는 사람들을 보면 직업도, 나이도, 성비도 천차만별이다. 가장 저렴한 비용으로 가장 다양한 계층의 사람들과 교류하며 서로의 생각을 엿보고 들을 수 있는 좋은 기회라 하겠다.

좀체 시간이 나지 않아 참여가 불가능하다고 말하는 사람에게도 방법은 있다. 최근 지자체가 도서관 시설 확충에 열을 올리고 있다. 덕분에 자신이 살고 있는 집과 도서관과의 거리는 점점 좁혀지고 있다.

도서관을 찾았다면 평소에 관심을 갖지 않았던 분야의 책을 접해보라.

자신의 취향과 전혀 다른 장르의 책을 읽다 보면 자신이 몰랐던 사실을 알게 되거나 새롭게 깨닫게 되는 부분이 의외로 많다. 이는 분명 발상 전환에 큰 도움이 된다.

다른 방법을 하나 더 제안하자면 신문이나 주간지, 월간지 등을 꾸준히 읽는 게 좋다. 일단 하나를 선택한 다음 첫 페이지부터 마지막 페이지까지 빠짐없이 읽어보라. 이를 통해 평소에 관심이 없었거나 간과해왔던 분야에서 몸담고 있는 사람들의 생각을 섭렵할 수 있다.

끝으로 그동안 싫어했거나 시도해보지 않았던 것에 도전해보면 어떨까? 예컨대 수영이나 골프를 해본 적이 없다면, 왜 다른 사람들이 그렇게 즐거워하고 몰두하는지 궁금하지 않은가? 그런 도전이야말로 지금까지와 사뭇 다른 발상을 가능케 하는 절호의 계기다.

이걸 해보지 못한다면
조금 불행한 거예요

캠퍼스, 낭만에 허우적거리다!

필자는 대학 중간시험과 기말시험의 마지막 문항에 창의력 및 발상 전환과 관련된 문제를 꼭 출제한다. 지난 학기 시험에도 마찬가지였다. 다음은 답안지 채점 도중 발견한 한 신입생(여학생)의 푸념 글이다.

> 교수님, 지금껏 한 번도 (연구실로) 찾아뵌 적이 없어 정말 죄송합니다.
> 수업에 유달리 조별 과제가 많아 지난 학기가 어떻게 흘러갔는지 모르겠네요.
> 넘도 보고 밥도 먹으면서 공부도 하는 CC도 나름 기대했었는데……. 저에겐
> 사치스러운 바람이었나 봐요. 고등학교 때 저
> 랑 함께 다닌 제 친구들은 예쁜 아가씨처럼 하고 다니는데
> 해가 뜨기도 전에 학교에 가서 온종일 과제만 하다가 저녁이면 초췌하게 집에 들어가는
> 요즘 제 모습을 보며 CC는 사치라는 생각이 드네요. 공부만이 살길인 듯합니다.

채점을 위해 집어 든 답안지였건만, 막상 이런 글을 대하니 가슴이 아리고 얼굴이 후끈거렸다. 무엇보다 신입생들에게 미안한 마음이 앞섰다. 대학은 막연한 젊음의 향연장이다. 특히 수년간의 입시 지옥에서 벗어난 신입생들에겐 더욱 그렇다. 실제로 온라인 커뮤니티에 이런 종류의 질문이 많이 올라와 있다.

대학 생활의 낭만은 도대체 뭔가요?

질문자는 필시 대학 진학을 목전에 두고 한껏 마음이 부풀어오른 고등학생이리라! 바로 그 아래에 이러한 답변이 달렸다.

대학 생활의 낭만이라면 CC(캠퍼스 커플), 음주 가무, OT, MT, 잔디밭에서 짜장면 먹기, 축제, 소개팅, 미팅, 밤새워 당구장이나 PC방에서 놀기 등을 떠올리는 사람이 많겠지만 대학 생활의 진정한 낭만은 도서관에서 매번 같은 자리에 앉아 열심히 공부하는 것, 그리고 그곳에서 어느 날 멋진 인연을 만나게 되는 것 아닐까요? 아마 그 순간은 평생 잊지 못할 것입니다.

대학 생활의 낭만이 황홀하게 그려지지 않는가? 그런데 그 아래엔 또 다른 댓글도 보인다.

그런 인연, 개뿔 안 생겨요.

한껏 들떠 있을 예비 신입생의 마음을 단숨에 천길 벼랑으로 끌어내리는 얄미운 답변이다. 어쩌면 그 댓글이야말로 캠퍼스의 불편한 진실이다. 많은 학생이 "CC를 해보지 못하면 조금 불행한 거예요"라고 말할 정도로 CC는 대학생만이 누리는 특권이다. 대학을 이제 막 들어가는 새내기들에게 캠퍼스 커플은 오매불망 꿈에 그리던 이상(理想) 그 자체가 아닐까.

입시라는 중압감에서 벗어났으니 마음이 얼마나 홀가분하겠는가. 그저 캠퍼스 벤치나 야외 커피숍에 진을 치고 있으면 멋진 이성 친구를 만날 수 있을 것 같은 생각이 들기도 할 게 다. 그들은 영화 〈건축학개론〉에 등장하는 음대생 서연(수지)처럼 청순하고 풋풋한 여학생이나 건축학도 승민(이제훈)처럼 맑고 티 없는 남학생이 푸른 캠퍼스에 널려 있을 거라 착각한다.

하지만 그런 꿈이 무참히 짓밟히는 데는 오랜 시간이 걸리지 않는다. 막상 캠퍼스에 발을 들여놓으면 서연이나 승민 같은 이성은 그저 환상이었음을 확인하게 된다. OT나 MT 때는 선배들의 지시에 따라 일정을 소화하기에 바쁘고, 아이돌이 온다는 대학 축제 때는 학사 관리 차원에서 수업이 진행되는 통에 낭만을 즐길 시간적 여유가 없다.

대학 축제보다 취업 설명회에 더 많은 학생이 몰리는 게 현실이다. 시중엔 SSAT(삼성직무적성검사) 관련 수험서만 수백 종류가 넘는다. 그들에게 창의력 계발이니 발상 전환이니 운운하는 건 지구 저 멀리 다른 별에서 온 외계 언어일 뿐이다.

한 손에 두꺼운 교재를 들고 새하얀 벚꽃이 바람에 날리는 캠퍼스를 거닐며 이성 친구와 두근두근 사랑을 피워가는 모습은 소설이나 영화 속에나 등장한다. 고등학교 시절 생각했던 상상 속의 캠퍼스와 너무나 다르다는 게 캠퍼스의 아픈 진실이다. 눈부신 캠퍼스에 남녀가 빙 둘러앉아 누군가의 기타 반주에 맞춰 노래를 부르던 풍경은 이미 옛이야기가 돼버렸다.

거대 담론에 지친 세대

12년 동안 구속 속에서 넌 벗어날 수 있는가.
대학이란 곳에 들어갔지만 또다시 널 기다리는 건
캠퍼스의 낭만 아닌 살기 위한 취업 경쟁들뿐
도대체 구속의 끝은 어디까지야.

1990년대 말에 데뷔한 것으로 기억되는 4인조 댄스 그룹 '부반장'이 2000년 초에 부른 '부반장'이라는 노래의 한 대목이다. 이 가사는 10여 년 전의 대학 캠퍼스 현실을 잘 담고 있다. 요즘 캠퍼스의 분위기는 정말 살벌하다. 각종 설문 조사를 통해 신입생 절반 이상이 캠퍼스 낭만보다 '취업'을 더 중요하게 생각한다는 사실도 확인되었다. 상아탑이라는 거대 담론에서 벗어나 완벽하게 개인으로 회귀하고 있다.

한껏 기대했을 대학 생활, 하지만 현실은 스스로 '사(死)학년'이라는 고학년의 절박한 표정과 막연한 불안감에 휩싸인 저학년들의 허둥대는 모습만 묻어난다. 더해 기대와 사뭇다른 까다로운 수업과 상대평가로 인한 경쟁은 신입생들에게 너무 큰 부담감을 안겨주고 있다.

앞서 언급한 여학생에게 전화를 걸어 무슨 수업이, 어떤 과제가 그렇게 힘들었느냐고 물었다. 학생은 이런저런 이야기를 들려줬다. 모두 신입생으로서 벅찰 것 같은 내용이었다. 순간 죄를 지은 사람처럼 마음이 무거웠다. 그러다 전화 말미에 개학하면 필자가 CC를 만들어주겠다고 덜컥 약속해버렸다. 실상은 아무 대책도 없으면서 말이다.

전화를 끊은 뒤 다시 한 번 여학생 답안지를 물끄러미 바라보는데, 답안지 맨 아래에 자그마한 글씨가 눈에 들어왔다.

가로로 읽으셨죠? 맨 앞 글자만 세로로 읽어보세요.

어라? 이게 뭐지? 독자들도 여학생의 주문대로 238쪽에 있는 글의 앞 글자만 읽어보기 바란다.

교 수 님 사 랑 해 요

이런 식의 글이 종종 온라인 커뮤니티에 간간이 떠돌아다니는 걸 봐왔다. 그럼에도 직접 대면하게 되니 필자도 모르게 얼굴에 스르르 미소가 번졌다.

당신은
정말
봤을까?

03

패션 감각이 뛰어난(?) 여성이 한껏 폼을 잡고 있다.
오른쪽에는 특이한 모양의 헬멧을 쓴 여성도 보인다.
패션쇼의 한 장면일까?

사실 왼쪽 여성이 목에 두른 토시는
머리를 보호해줄
헬멧이다.
보이지 않는 자전거 헬멧!

대립과 **모순**을 넘어서면 발상이 보인다!

사람들과 책을 멀리하게 만든 일등공신은? 스마트폰
스마트폰을 세상에 널리 퍼트린 일등공신은? 스티브 잡스
스티브 잡스를 창의적 인물로 만든 일등공신은? 책(인문학)

사망 사고의 73%가 머리라는데?

몇 해 전부터 자전거가 붐이다. 전국을 관통하는 자전거 도로가 생겨났고, 그와 관련된 책과 잡지가 발행되는 것은 물론, 자전거 용품, 즉 부품이나 의복 등을 판매하는 가게도 생겨났다. 또한 스마트폰 앱 개발도 성행이다.

무엇보다 행정기관의 지원이 눈에 띄게 증가했다. 저탄소 녹색성장의 일환에 운동(건강)이 접목되면서 지자체별로 자전거 도로 인프라 구축 사업이 왕성하게 이루어졌다. 전국의 자전거 도로 총 연장은 2010년 1만 37km에서 2015년 2만 789km로 늘었고, 자전거 보유 대수도 2010년 620만 대에서 2015년 1,022만 대로 급증했다.

자전거가 레저 및 이동 수단으로 각광받으면서 사고도 증가하고 있다.

자전거 교통사고는 2010년 1만 1,259건에서 2015년 1만 7,366건으로 크게 늘었다. 또 전체 교통사고(2010년 22만 6,878건, 2015년 23만 2,035건) 중 자전거 교통사고의 점유율도 2010년 5.5%에서 2015년 7.5%로 늘었다.

도로교통공단이 2003~2012년 교통사고 현황을 분석한 결과 오토바이 사고 치사율은 승용차 사고에 비해 2.7배 높았다. 승용차는 교통사고 100건당 2.0명이 사망하는 데 비해 이륜차 사고는 무려 5.3명이나 됐다. 사망자의 35.4%가 안전모를 착용하지 않은 것으로 조사됐고, 머리 손상으로 인한 사망자가 73%에 달했다.

오토바이는 물론, 자전거를 탈 때도 반드시 헬멧을 착용해야 하는데, 실행에 옮기는 사람은 많지 않다. 추운 겨울이면 그나마 견딜 만한데, 무더위가 시작되는 계절에 헬멧을 쓴다는 건 꽤나 고욕이다. 머리가 눌려 스타일이 망가지기도 하고, 시원한 바람을 제대로 느낄 수도 없다. 무엇보다 헬멧을 거부하는 가장 큰 이유는 답답함 때문이다.

세상의 창의적 발상은 대립과 모순(矛盾)을 뛰어넘을 때 감동을 맛볼 수 있다. 《회남자(淮南子)》의 〈설림훈(說林訓)〉에 이런 문장이 있다.

수화상증 정재기간 오미이화.
(水火相增 鼎在其間 五味以和.)

'물과 불은 서로 싫어하지만, 그 사이에 솥이 존재하면 오미(五味)가 어우러진다'라는 뜻이다. 주지하다시피 불과 물은 상극이다. 그럼에도 그 중간에 솥이 존재하면 맛있는 밥이 된다.

기업도 예외가 아니다. 기업이란 존재는 원래 모순을 기반으로 성립된다. 그게 무슨 말이냐고?

- 적게 투자해 많이 벌어야 한다.
- 기능(질, 디자인)은 뛰어나되 원가는 저렴해야 한다.
- 싸게 만들어 비싸게 팔아야 한다.
- 종업원들에게 월급은 적게 주고 일은 많이 시켜야 한다.

그렇지 않은가? 자동차는 또 어떻고? 당신이 매일 아침저녁으로 몰고

모순을 극복할 때
창의적 제품이
튀어나올 수 있다!

다니는 자동차를 떠올려보라. 고속도로를 아무 사고 없이 매끄럽게 달려 나가려면 운전자에게 어떤 역할이 요구될까? 핸들만 잡고 돌리면 차가 앞으로 나아가는가? 그건 아니다.

결국 대립하고 모순되는 두 요소, 가속 페달과 브레이크를 적절히 밟아야 운전자가 원하는 목적지에 도달할 수 있다. 가속 페달을 너무 밟으면 가속으로 사고가 날 수 있고, 브레이크만 밟으면 차는 앞으로 나아가지 못한다.

우리 삶도 모순이다. 삶의 시작과 함께 죽음도 시작되니 말이다. 그렇다면 덥고 답답함(헬멧 미착용)과 안전(헬멧 착용)이란 모순을 극복할 때 비로소 창의적 제품이 튀어나올 수 있다.

테제 + 안티테제 = 진테제!

헬멧 착용(테제)

성가시고, 무겁고, 덥고, 답답하고, 머리 스타일을 망가뜨린다. 또한 부피가 커 휴대가 불편하고 맵시가 나지 않으며 각이 잡히지 않는다. 하지만 예기치 못한 사고로부터 자신의 신체(생명)를 보호할 수 있다.

헬멧 미착용(안티테제)

분명 헬멧은 예기치 못한 각종 사고로부터 자신의 생명을 지켜준다. 하지만 성가시고, 무겁고, 덥고, 답답하고, 머리 스타일을 망가뜨린다. 또한 부피가 커 휴대가 불편하고 맵시가 나지 않는다.

이처럼 헬멧 착용이나 미착용 이유를 나열할 수 있다. 어쨌든 당신은 둘 중 하나를 선택해야 한다. 착용하거나 말거나. 하지만 이런 식은 근본적인 대책이 될 수 없다. 그래서 생각할 수 있는 게 헬멧 착용과 미착용을 결합한 제3의 발상(진테제) 도출이다.

'제3의 발상'이라! 그게 대체 뭔가? 그건 바로 헬멧을 착용했으면서도 착용하지 않는 것이다. 어째 좀 말장난처럼 들리기도 한다.

'보이지 않는 자전거 헬멧 (The Invisible Bicycle Helmet)'

'헤브딩(Hövding)'이라고 이름 붙여진 이 헬멧은 일촉즉발의 위기 상황에서 그 진가를 발휘한다. 목 토시처럼 생긴 이 제품은 운전자의 몸이 속도로 인해 전후좌우로 일정 각도 이상 기울어지면 정밀 계측 센서에 감지되어 헬륨 가스 방출 장치가 작동되면서 자동차의 에어백처럼 헬멧

이 튀어나온다. 그러면서 운전자의 머리를 감싸 머리가 노면이나 자동차와 부딪칠 때 그 충격을 흡수해준다. 특수 나일론으로 만들어진 헤브딩은 0.1초 만에 완전히 부풀어 올라 착용자의 부상을 최대한 줄여준다. 또한 사고로부터 10초 전으로 거슬러 올라가 충돌 크기와 속도 등을 자동적으로 기록하는 이른바 '블랙박스' 기능도 구비하고 있다.

이를 개발한 사람은 두 명의 여성 디자이너 안나 하우프트(Anna Haupt)와 테레세 알스틴(Terese Alstin)이다. 이 두 사람은 2005년부터 스웨덴의 룬드 대학교(Lund University)에서 공업 디자인에 대한 연구를 시작했다. 이들은 개발 과정에서 머리 외상 전문가와 여러 투자자로부터 1,000만 달러의 자금을 확보해 7년 동안 자전거와 관련된 사고 자료를 정밀 분석해 이 제품을 세상에 내놓았다.

헤브딩은 덥고 답답함(헬멧 미착용)과 안전(헬멧 착용)이라는 모순을 극복했다는 측면에선 큰 의미가 있으나 30달러면 구매할 수 있는 일반 헬멧과 달리 발매 당시 가격이 600달러에 달했다. 다행히 그 가격도 근래 많이 하락하고 있다. 다만 한 번 부풀어 오르면 재사용이 불가능하다는 단점은 풀어야 할 과제다. 가격 문제만 해결된다면 최고의 발상 전환 제품 중 하나로 자리매김할 거로 보인다.

엄마,
내 양말이
짝짝이야

04

"에구구, 너무 급하게 나오느라 양말이 짝짝이야!"
이제 이런 걱정을 할 필요가 없다.
양말을 아예 짝짝이로 파는
리틀 미스 매치드(Little Miss Matched Socks)가 있으니!

두 발엔 항상 똑같은 모양의
양말을 신어야 한다고?
그러고 보니 이런 고정관념은
누가 심어준 거지?

수평적 사고?
뭐 어쨌다고?

수직적 사고가 설정된 틀 안에서 문제를 해결하는 것이라면,
수평적 사고는 기존 틀에 얽매이지 않고
시점을 다양하게 바꿔 문제 해결에 이르는 발상법이다.

우뇌형 인간이 돼라!

인간의 발상법은 크게 두 가지로 나눠진다. 수직적 사고(vertical thinking)와 수평적 사고(horizontal thinking)가 그것이다. 여기에 관해 자세히 설명해보자.

수직적 사고를 하는 사람은 이른바 좌뇌형으로 'A→B→C→D→E→F'로 연결되는 것처럼 하나씩 순서를 밟으며 사고를 덧붙여 나간다. 대단히 논리적이고 합리적 사고다. 이런 부류의 사람은 대부분 논리학이나 수학, 물리학과 같은 영역에서 상당한 소질을 보이곤 한다.

바꿔 말해 이는 동일한 원인(사실)이 부여된다면, 반드시 동일한 결론을 도출할 수 있는 사고다. 같은 인풋(input)을 통해 같은 아웃풋(output)을 도출시키는 기술이 바로 수직적 사고다. 평소 우리들에게 익숙한 사고

방식이다.

반면 수평적 사고를 하는 사람은 우뇌형으로 종종 'A→F' 혹은 'A→K→X'처럼 새로운 방향으로 몇 단계를 훌쩍 뛰어넘거나 비연속적 사고를 통해 결론에 도달한다. 이런 수평적 사고는, 수직적 사고로는 좀체 떠올리기 힘든 기발하면서도 대담한 발상 전환을 가능케 한다.

어찌 보면 수평적 사고는 제약에서 벗어난 사고를 하다 보니 막연하거나 공상적이며 추상적인 면을 다수 포함한다. 그래서 글을 쓰는 작가나 예술가같이 직관이나 상상력을 필요로 하는 분야에서 그 능력이 발휘된다. 여기에 더해 유머와 통찰 그리고 창의력이나 발상 전환 능력과 많은 관련을 가진다.

그 밖에 수평적 사고가 가진 특징은 이렇다.

- 기존의 원칙(틀)에 얽매이지 않는다.
- 'How(어떻게)'가 아니라 'If(만약)'를 생각한다.
- 시점을 다양하게 바꿔 문제 해결을 시도한다.
- 어떤 사안에 대해 넓고, 깊고, 자유롭게 접근한다.
- 직접 대결은 피하면서도 경쟁자를 앞서려는 발상법이다.

이런 수평적 사고는 다음 세 가지 사항을 가슴에 새기면 누구든지 발휘할 수 있다.

- 다양한 전제에 의구심을 품어라.
- 사물 및 사건을 여러 형태로 결합하고 조합하라.
- 사물 및 사건에 대해 새롭고 다양한 관점을 지녀라.

　덧붙여 수평적 사고는 방대한 선택지 가운데에서 논리적으로 정답을 좁혀가는 수직적 사고와 달리, 비록 확실성은 높지 않으나 언젠가는 혁신적 아이디어를 도출할 수 있는 발상법이다.

　오늘날 수평적 사고가 각광받는 이유는 시장이 이미 성숙기 및 포화 상태에 놓여 있어 새로운 발상의 필요성이 커지고 있어서다. 게다가 제품의 다양성과 정보 과잉, 소비자의 까다로운 입맛 때문에 기업은 활로를 개척하는 데 많은 어려움을 겪고 있다.

　시대가 이전과 많이 달라졌다. 기존의 수직적 사고만으로는 히트 상품을 만들어내기 어렵다. 수평적 사고는 그런 상황에 숨통을 터주거나 활로를 열어줄 유용한 도구로 주목받고 있다. 그렇다고 과거처럼 논리적이고 분석적인 사고가 중요하지 않다는 건 아니다. 논리(분석)적 사고에 발상과 선택의 폭을 넓혀가는 수평적 사고의 중요성이 점점 더 부각되고 있다는 의미다. 과거 경험에 얽매이지 않는 발상과 혁신적인 아이디어가 더욱 중요해지고 있다.

	수평적 사고	수직적 사고
방법	· 사고의 폭을 넓힌다. · 본질에 주목한다.	· 논리적으로 접근해 깊게 파헤친다. · 사물을 분류 및 정리한다. · 구체성에 주목한다.
정답	· 정답은 하나가 아니다.	· 기본적으로 정답은 하나다.
발상	· 자유분방한 발상을 한다. · 직관을 중요시한다. · 틀에 얽매이지 않는다.	· 상식 혹은 경험을 바탕으로 발상한다. · 논리를 중시한다. · 기존 틀에 맞춘다.

축구와 여자, 둘 중 하나만 골라!

에드워드 드 보노는 "수평적 사고를 지속하려면, 다음에 제시한 세 가지 조언을 실천에 옮겨야 한다"고 말했다. 그 세 가지 조언은 이렇다.

첫째, 사물에 대한 관점을 미리 정해놓아라.

어떤 문제를 떠올릴 때 의식적으로 3~5개 정도 사물에 대한 관점을 가지는 방법이다. 매번 관점과 사고 패턴 등을 변화시키는 게 아니라 사전에 3~5개 정도 사물에 대한 관점을 결정해두고 어떤 문제라도 그 3~5개의 견해를 대입시켜보는 것이다.

예컨대 'A의 입장, B의 입장, C의 입장에서 사물을 관찰한다'라고 정했다면, 모든 문제에 대해 A, B, C 세 사람의 입장에서 판단하고, 억지로라도 해석을 덧붙이는 것이다. (참고로 평소 A와 B, C는 서로 다른 생각이나 성향을 가진 사람이다.) 쉽게 말해 이런 형식이다.

"A라면 ○○할 것이다."
"B라면 □□할 것이다."
"C라면 ◇◇할 것이다."

이는 다각적인 관점을 가지는 데 큰 도움이 된다.

둘째, 사물 관계를 의식적으로 뒤집어라.

소변을 보고 손을 씻는 게 아니라, 소변을 보기 전에 먼저 손을 씻는다. (사실 이게 옳은 방법이다.) 감기에 걸렸을 때 흔히 마스크를 한다. 그 이유는 외부로부터의 균을 차단하기 위해서이기도 하지만 경우에 따라선 자신의 균(바이러스)을 다른 사람들에게 퍼뜨리지 않기 위해서다. 밀폐 용기는 외부로부터의 공기를 차단하는 것이 아니라 내부의 기체가 외부로 세지 않도록 하기 위해서다.

이처럼 의식적으로 사건 및 사물에 대해 정반대 시각을 가져본다. 이게 바로 리프레이밍이다.

셋째, 두 가지 방침이 있다면 세 번째 방침을 따르라.

상반된 양쪽 의견을 모두 수용하거나 모두 배제한 제3의 의견을 도출한다. 예를 들면 이런 식이다.

"엄마가 좋니? 아빠가 좋니?"

"할머니요."

지혜의 대명사 솔로몬도 그러했다. 두 여인이 솔로몬 앞에 한 아기를 데리고 와 서로 자신의 아기라고 주장했다. 그들의 모습을 지켜보던 솔로몬이 이렇게 말했다.

"너희의 주장만으론 아기 엄마가 누군지 알 수 없구나! 그렇다면 이 아기를 둘로 나눠 공평하게 가지도록 해라."

오늘날이라면 'DNA를 감정하라'라는 판결을 내렸을 것이다. 또한 증거가 불충분한 상태라면 상식선에서 판결을 내렸을 것이다. 이를테면 '두 사람이 아기를 함께 키워라' 혹은 '두 사람 모두 믿기 어렵다. 이 아기는 국가가 맡아 키운다'라는 판결을 내릴 수도 있고, 좀 더 세밀한 판단을 위해 '다음 재판 때까지 기다려라'라는 판결을 내릴 수도 있다.

하지만 솔로몬은 A 엄마도 B 엄마도 아닌, 자식에 대한 애틋한 모정(母情)에 초점을 맞춰 문제를 해결했다.

서양에 솔로몬이 있다면 동양에는 송나라 때 명판관으로 이름을 날린 포청천이 있다. 그가 등장하는 희곡《회란기(灰闌記)》에 이런 글이 있다. 이는 〈중앙일보〉(2011.7.7.)의 기사를 재인용했다.

▶▶ 마 씨 집안의 첩(妾)이 아들을 낳았는데, 이를 질투한 정실부인이 남편을 독살하고 첩에게 죄를 뒤집어씌웠다. 또 남편의 재산을 상속받기 위해 첩의 아이가 자신의 아이라고 주장하며 동네 산파와 이웃을 매수해 거짓 증언을 하도

록 했다. 첩과 그 오라비가 억울함을 호소하자 포청천은 땅바닥에 동그라미를 하나 그린 다음 아이를 그 안에 세웠다. 그러고는 첩과 정실부인에게 아이의 양팔을 각각 잡게 하고 원(圓) 밖으로 끌어내는 쪽이 친모일 것이라고 선언했다. 정실부인은 사력을 다해 아이를 잡아당겼으나 첩은 아이가 아파하는 것을 보고 아이를 놓아버렸다. 그러자 포청천은 첩이 진짜 어머니라는 판결을 내렸다.

솔로몬이든 포청천이든 문제의 초점 대상을 바꿈으로써(제3의 선택) 지금까지 전혀 생각지 못한 기발한 발상을 이끌어냈다.

일전 케이블 채널을 돌리다 우연히 일본 국영 NHK 방송에 출연한 '다케다 노부히로(武田修宏)'를 발견했다. 그는 전직 국가 대표로 J리그 역대 최다 득점 5위의 기록을 가진 대단한 골게터다. 오락 방송의 사회자가 그에게 짓궂은 질문을 던졌다.

"축구와 여자, 어느 쪽이 더 좋습니까?"

곧바로 다케다의 대답이 튀어나왔다.

"양쪽 모두입니다."

그러자 스튜디오에 있던 사람들이 하나같이 야유를 보냈다. 사회자는 청중들의 반응을 의식한 듯 곤혹스러운 표정으로 다시 물었다.

"하나만 골랐으면 좋겠네요."

잠시 고심하던 다케다는 굳은 표정으로 답했다.

"축구입니다."

청중들은 신체 건강한 남성으로서 이성에게 눈길이 가는 건 당연하겠지만, 전직 국가 대표였고 장래 일본 축구 대표의 감독을 노리는 축구인이라면 말이라도 '축구'를 선택해야 한다고 생각했다. 다케다는 그런 청중들의 바람에 정확히 반응했다.

그러나 이걸로 끝났다면 다케다의 발상 전환 능력은 일반인과 다를 바 없다. 곧이어 그는 한마디 덧붙였다.

"저에게는 축구가 여자입니다."

세 가지
창의적 발상 기법!

'5W1H법'이라고?

주어진 짧은 시간에 당면 문제를 해결하라. 세상에 그런 해결 방법이 있기는 할까?
'5W1H법'을 실천에 옮겨보면 어떨까? 이 기법은 자신 안에 숨겨진 창의적 발상을 강제
적으로 끄집어낼 수 있다는 큰 장점이 있다. 사용법도 의외로 간단하다.

왜(Why)를 다섯 번 정도 반복해 던지고, 이를 통해 해결책(How)을 끄집어내면 된다. 반
복 횟수가 꼭 다섯 번일 필요는 없다. 다섯 번 던져도 구체적인 해결책이 보이지 않는다면
해결책이 발견될 때까지 더 많은 왜(Why)를 던지면 된다.

설계부의 김 팀장은 오늘도 짜증이 몰려온다. 좀체 팀원들이 회의 시작 시간까지 회의실
로 모이지 않는다. 매주 한 번씩 열리는 회의 시작은 10분 혹은 20분씩 지체되기 일쑤다.

만약 당신이 김 팀장이라면 이 문제를 어떻게 해결할 것인가?

"정말 다들 이럴 거야?"

팀원 면전에다 대고 미간을 접으며 버럭버럭 소리를 질러댄다.

"어디 보자고, 연말 고가에 꼭 반영할 테니."

그렇게 강한 채찍과 엄포, 협박을 가한다.

이랬다간 팀원들로부터 '쌍팔년도 팀장'이라는 둥, '자기만 아는 인간'이라는 둥, '정작
문제는 팀장이다'라는 둥의 평가에서 결코 자유로울 수 없다. 그렇다면 김 팀장은 다른 해
결책을 모색해야 옳다. 앞서 제시한 '5W1H법'을 통해 괜찮은 아이디어를 찾아보자.

Why1: "왜 직원들 태반이 회의에 지각하는가?"
  – 모두 일이 바쁘기 때문이다.

Why2: "왜 회의 직전에 모두 일이 바쁜가?"
  – 회의 시작 전에 일을 모두 끝내려 하기 때문이다.

Why3: "왜 회의 시작 전에 일을 모두 끝내려고 하는가?"
  – 회의 시간이 매번 들쑥날쑥해 언제 끝날지 모르기 때문이다.

Why4: "왜 회의가 언제 끝날지 모르는가?"
  – 사전에 회의 내용을 알 수 없어 시간 예측이 어렵다.

Why5: "왜 회의 내용을 사전에 알 수 없는가?"
  – 회의에 들어와 비로소 그 내용을 알게 된다.

How1(해결책): "회의 전날 미리 그 내용과 관련 자료를 배포한다."

이처럼 다섯 번의 과정에서 Why를 던져 원인을 파고들며 그에 대한 이유를 추가해나가면 마지막 How에서 자연스럽게 해결책을 찾게 되는 편리하고 유용한 기법이다.

눈치 보는 조직에는 이 기법을!

브레인스토밍의 확장판이 '브레인라이팅(brainwriting)'이다. 분석 기법 전문가인 홀리거(Holiger)가 1968년에 고안한 것이다. 이는 기존의 브레인스토밍이 가진 단점을 보완해 좀 더 효율적으로 아이디어를 이끌어내자는 취지에서 탄생했다. 다른 점은 구성원들의 생각을 말이 아닌 글(문장)로 표출한다.

즉 발언을 통한 아이디어 발상인 브레인스토밍과 달리 글과 침묵을 통한 개인 발상법이 바로 브레인라이팅이다. 성격이 소극적이거나 발언이 서투른 이들이 가진 획기적 아이디어를 발굴하는 데 아주 유용한 발상법이다.

'6-3-5법'이라고도 불리는 이 발상법은 6명이 둘러앉아 주제에 대한 아이디어 3개를 5분 안에 떠올리고 기입한 후 옆으로 돌리는 방법에서 따왔다. 6명이 불과 30분 만에 무려 108개라는 엄청난 아이디어를 제시할 수 있는 기법이다.

작성자	아이디어1	아이디어2	아이디어3

아이디어를 기록하는 도중 자신의 순수한 아이디어는 물론, 앞사람이 기록한 아이디어를 읽고 그로부터 떠올린 힌트를 기록해도 좋다. 흔히 아이디어는 후반으로 갈수록 고갈돼 간다. 그 무렵 머리를 쥐어짠 아이디어가 의외로 훌륭한 경우가 많다.

시트를 빼곡하게 채웠다면 이제 아이디어를 평가할 차례다. 과정이 모두 끝나면 각자 가지고 있는 시트 내용을 참가자들과 함께 평가해 좋은 아이디어를 골라내면 된다.(별표 등으로 표기한다.) '아이디어 수'라는 측면에서 보면 그 어떤 발상법보다 뛰어나다고 할 수 있다.

브레인라이팅의 또 다른 장점은 6명 전원이 30분 동안 강제적으로 18개씩 아이디어를 낸다는 점이다. 통상적으로 브레인스토밍을 하게 되면 지위가 높은 사람, 목소리가 큰 사람, 아이디어가 풍부한 사람만 발언을 하는 경향이 있으나, 브레인라이팅에선 모두 평등

하다. 게다가 참가자는 서로 일체 말을 할 필요가 없다는 점도 낯설거나 부끄러워 의견 제시를 기피하고 눈치를 보는 한국인들에게 매우 유익한 발상법이다. 그 순서를 자세히 나타내면 이렇다.

단계 1_ 참가자 전원에게 앞의 표가 그려진 시트를 한 장씩을 나눠준다.
단계 2_ 참가자 전원이 부여된 주제(기획안)를 공유 및 인식한다.
단계 3_ 첫째 줄 세 칸에 주제와 관련된 세 개의 아이디어를 기록한다. (5분)
단계 4_ 5분 뒤 바로 옆 참여자에게 시트를 넘긴다.
※시트가 모두 채워질 때까지 '단계 3과 4'의 과정을 반복한다. (5분×6인=30분)

다음은 아이디어 평가 차례다.

단계 5_ 기록된 아이디어 중 기발하다고 생각되는 것에 별표를 한다. (5분)
단계 6_ 5분 뒤 바로 옆 참여자에게 시트를 넘긴다.
※모든 시트에 걸쳐 '단계 5와 6'의 과정(평가)이 이뤄진다.

우리 사회나 조직에서 무언가를 결정해야 할 때 다수결로 결정하는 경우가 다반사다. 어렸을 때부터 그런 방식이 가장 이상적인 의사 결정 방법이라 교육받았던 탓이다. 그러다 보니 의사 결정 시 '의사 결정=다수결'이라는 고정관념이 생겼다.
어떠한 상황에선 다수결이 최선의 방법일 수 있지만 아이디어 평가 및 채택 시에도 그럴 거라고 생각한다면 큰 오산이다. 아이디어를 두고 이뤄지는 인기투표는 참고하는 선에서 머물러야 한다.

마법의 사각형!

'마구 솟구치는 발상을
틀 속에만 가둬놓고 싶지 않다.'

이런 생각을 하고 있다면 지금 당장 종이와 펜을 준비하라. 다양한 아이디어 도출은 물론 흐릿하거나 간과하기 쉬운 생각까지 말끔히 정리해보자. 이 기법은 평상시 두뇌 훈련에도 매우 좋다.

이는 '만다라트(Mandal-Art)'라 불리는 발상법이다. 이 기법은 디자인 컨설턴트 이마이즈미 히로아키(今泉浩晃)가 1987년에 고안했다. 방사형 모양으로 쭉쭉 가지를 뻗어가는 또 다른 발상법 '마인드맵'이 혼란스럽다거나 불편하다고 느끼는 사람들에겐 안성맞춤이다. 이뤄야 할 핵심 사안(주제) 1가지를 맨 중심에 두고 그 외곽에 8가지로 발상 범위를 제한한 이 기법은 누구건 쉽게 다룰 수 있다. 사람 뇌가 한 번에 처리할 수 있는 정보량은 대략 7±1 가지라고 한다. 이 때문에 약간의 머리 사용(?)만으로도 여덟 칸은 그리 힘들이지 않고 채울 수 있다.

진행 방식은 지극히 단순하다. 종이 위에다 커다란 사각형 하나를 그린다. 3 × 3, 즉 사각형을 아홉 칸으로 나눈 다음, 맨 중심 칸에 현재 고심하고 있거나 기획하고자 하는 주제를 펜으로 적는다. 단어든 문장이든 상관없다. 그런 다음 해당 주제를 통해 떠올린 아이디어나 문제 해결에 필요한 내용 등으로 여덟 칸에 하나씩 채워나간다. 모두 채웠다면 동서남북으로 사각형을 그리고 도출된 8가지 아이디어(주제)를 그 중심에 두고 다시 여덟 칸을 채워나간다.

이처럼 만다라트에선 한 가지 핵심 목표를 달성하기 위해 8가지 세부 목표가 세워지고, 또다시 8가지 구체적인 실천 계획으로 나눠지면서 확장된다. 즉, 핵심 목표 하나를 이루고자 합계 64가지의 행동 계획이 만들어진다. 물론 애타게 찾는 아이디어나 기획안이 도출되기까진 다양하고 섬세한 검토를 거쳐야 하고 최종적으론 실현 가능성 여부도 따져봐야 한다. 그러나 만다라트는 그 전제가 되는 수많은 대안(발상)을 여느 발상법보다 쉽게 떠올려준다는 점에서 아주 유용하다.

만다라트의 사용처는 목표 설정과 발상만이 아니라 사업 기획(계획), 문제 해결, 상품 개발 등 그 용도는 실로 무궁무진하다. 적극 추천할 만한 발상 도구다. 아래는 일본 프로 야구 니혼햄에서 뛰다 2018년부터 메이저리그에 진출한 야구계 괴물이라 불리는 '오타니 쇼헤이(大谷翔平)'가 고교 1학년 때 그렸다는 만다라트다. 현재 그는 꿈의 구속이라는 160km/h 이상의 공을 던지고 홈런까지 치면서 MLB에서 우주인이란 평가까지 받고 있다.

몸 관리	영양제 먹기	FSQ 90kg	인스텝 개선	몸통 강화	축 흔들지 않기	각도를 만든다	위에서부터 공을 던진다	손목 강화
유연성	몸 만들기	RSQ 130kg	릴리즈 포인트 안정	제구	불안정 없애기	힘 모으기	구위	하반신 주도
스테미너	가동역	식사 저녁 7숟갈 아침 3숟갈	하체 강화	몸을 열지 않기	멘탈을 컨트롤	볼을 앞에서 릴리즈	회전수 증가	가동력
뚜렷한 목표·목적	일희일비 하지 않기	머리는 차갑게 심장은 뜨겁게	몸 만들기	제구	구위	축을 돌리기	하체 강화	체중 증가
핀치에 강하게	멘탈	분위기에 휩쓸리지 않기	멘탈	8구단 드래프트 1순위	스피드 160km/h	몸통 강화	스피드 160km/h	어깨 주변 강화
마음의 파도를 안 만들기	승리에 대한 집념	동료를 배려하는 마음	인간성	운	변화구	가동력	라이너 캐치볼	피칭 늘리기
감성	사랑받는 사람	계획성	인사하기	쓰레기 줍기	부실 청소	카운트볼 늘리기	포크볼 완성	슬라이더 구위
배려	인간성	감사	물건을 소중히 쓰자	운	심판을 대하는 태도	늦게 낙차가 있는 커브	변화구	좌타자 결정구
예의	신뢰받는 사람	지속력	긍정적 사고	응원받는 사람	책 읽기	직구와 같은 폼으로 던지기	스트라이크 볼을 던질 때 제구	거리를 상상하기

그 외에도 발상법은 무려 100여 가지나 된다. 난이도도 천차만별이다. 떠올리고 싶은 아이디어나 기획안, 조직 및 개인 성향 등을 종합적으로 고려해 선택하면 된다.

미혼 여성과
영국 해군의
관계

05

영국에 이런 말이 있다.

"미혼 여성이 늘어나면 영국 해군이 강력해진다."

미혼 여성은 외로워 고양이를 키운다.

→ 고양이가 늘어나면 들쥐가 줄어든다.

→ 들쥐가 줄어들면 꿀벌이 증가한다.

→ 꿀벌이 꽃을 수정시키면 들판에 클로버가 늘어난다.

→ 영양이 풍부한 클로버를 소가 먹고 육질이 좋아진다.

→ 육질 좋은 소는 대영제국의 상징인 해군에 우선 배급된다.

→ 해군들은 그 고기를 먹고 힘을 내 연전연승한다.

스마트폰과 **아메리카노**의 공통점!

램프를 만들어낸 것은 어둠이었고 나침반을 만들어낸 것은 안개였고
탐험을 하게 만든 것은 배고픔이었다.
그리고 일의 진정한 가치를
깨닫기 위해서는 의기소침한 나날들이 필요했다.
—빅토르 위고

정말 싫어? 그래도 엮어라!

"바람이 불면 통장수가 돈을 번다."

이런 말을 들어본 적이 있는가? 실은 일본 격언이다. 여러 철학 개론서
서두에 자주 등장하는 말인데, 그 논리는 이렇다.

- 태평양과 접한 에도(오늘날의 도쿄)에 강풍이 분다.
- 강풍이 불면서 흙먼지가 일어난다.
- 흙먼지가 행인들 눈에 들어가 눈병이 생기고 일부는 장님
  이 된다.
- 당시 장님의 생계 수단은 주로 삼미선(三味線) 연주였다.
- 장님이 늘면서 삼미선 판매가 늘어난다.

- 삼미선의 울림통 재질은 고양이 가죽이다.
- 가죽 수요가 늘면서 많은 고양이가 도축된다.
- 고양이가 줄자 쥐가 급속히 늘어나 (나무)통을 갉아먹는다.
- 통들이 망가지면서 새로운 수요를 발생시켜 통장수가 돈을 번다.

어떤가, 인과관계(논리 전개)가 다소 황당한가? 앞과 같은 논리로 다음에 주어진 문장을 네 단계로 설명해보라.

'긴 머리가 유행하면 쇠고기 덮밥이 98엔이 된다.'

참고로 쇠고기 덮밥이 '98엔'이라는 것은 일본 내 통상 가격의 3분의 1 혹은 4분의 1에 해당하는 몹시 저렴한 가격이다. 아무리 엔화 가치가 높다 해도 쇠고기 덮밥 한 그릇이 98엔이라는 건 지나치다. 이는 몇 년 전 포털 사이트 'Yahoo! JAPAN' 입사 시험에 등장한 문제다.

너무 뜬금없는 질문이라 당황해 머릿속에 아무것도 떠올리지 못하는 응시자가 많았을 법하다. '긴 머리 유행'과 '쇠고기 덮밥 98엔' 사이에서 과연 어떤 인과관계를 발견할 수 있을까?

이 문제를 제출한 의도는 이른바 '말도 안 되는 질문'을 통해 응시자의 연결 사고와 발상 능력 그리고 유연성 등을 종합적으로 판단하기 위함이었다.

모든 것은 관련되어 있다

어떤 사물과 사물을 서로 연관 짓는 사고, 즉 '연결 사고(line thinking)'는 발상 전환으로 가는 대단히 소중한 과정이다. 두 사물 간에 유사한 점을 공유하고 있다면 연결 사고는 그리 난해한 작업이 아니지만, 차원이 다르고 전혀 상관없어 보이는 사물 간의 공통점을 찾고, 이를 연결 짓는 작업은 그리 간단하지 않다.

레오나르도 다빈치는 이런 말을 남겼다.

"모든 것은 다른 모든 것과 관련되어 있다."

다빈치의 철철 넘치는 발상력과 상상력의 원천은 어디일까? 그 물음의 힌트가 바로 앞 질문에 들어 있다. 언뜻 둘 사이에 아무런 관계가 없는 것처럼 보이지만 그 안에서 아이디어 간의 관련성을 찾아내는 게 다빈치의 발상 원천이었다.

대학생 S는 꼬박 석 달 동안 아르바이트를 해 모은 돈으로 며칠 전 스마트폰을 구입했다. 그날 저녁 S는 스마트폰을 거실 소파에 두고 잠시 화장실에 다녀왔다. 그런데 소파에 있어야 할 스마트폰이 보이지 않는다. 이게 대체 어디로 간 거지? 갑자기 혈압이 오른다. 잠시 뒤 소파 밑에서 딸그락딸그락하는 소리가 들린다. 고개를 숙여 아래를 들여다봤더니 이게 웬일인가! 애완 강아지가 스마트폰을 가지고 장난을 치고 있는 게 아닌가.

황급히 강아지 입에 물려 있는 스마트폰을 빼앗아 들었지만 이미 액정은 동서남북으로 쭉쭉 금이 간 상태다. 여기서 질문이다. '스마트폰'과 '강아지'의 공통점이라면 어떤 게 있을까? 적어도 열 가지 이상은 떠올려보기 바란다.

_____

_____

_____

_____

_____

_____

_____

_____

_____

어떤가? 비록 무생물(스마트폰)과 생물(강아지)이지만 제법 많은 공통점이 존재하지 않는가? 자, 그렇다면 다음 필자가 나열한 공통점과 당신이 떠올린 공통점을 비교해 보라. 겹치지 않고 완전히 다른 내용은 몇 가지인가? 다른 내용이 많을수록 당신의 발상 전환 능력이 높다고 평가할 수 있다.

시끄럽다. 손이 간다. 작다. 귀엽다. 집에 있을 때 항상 곁에 있다. 길들

일 수 있다. 똑똑하다. 주인을 닮는다. 종류가 다양하다. 중독성이 있다. 친구가 된다. 꾸밀 수 있다. 사람에게 친숙하다. 소리를 낸다. 종류에 따라 가격이 다르다. 옷을 입힐 수 있다. 사랑받는다. 밥을 줘야 한다. 떨어뜨리면 다친다. 닦아줘야 한다. 터치할 수 있다. 도둑맞을 수 있다. 잃어버릴 수 있다. 투자하면 예뻐진다. 만지면 반응한다. 잠을 깨워준다. 없으면 허전하다. 이름을 가지고 있다. 즐거움을 준다. 없어도 된다. 공공장소에서 피해를 줄 수 있다. 눈, 귀, 입(카메라, 스피커, 마이크)이 있다. 오래되면 둔하고 느려진다. 줄을 달 수 있다. 외로움을 달래준다. 사람 말을 알아듣는다. 크기가 다양하다. 유통기한이 있다. 비싸다. 집을 지켜준다. 유지(관리) 비용이 든다. 잠잘 때 곁에 둔다. 매매가 가능하다. 전문 판매점이 있다. TV에 많이 등장한다. 가끔씩 짜증 나게 한다.

평소 필자가 좋아하는 세 가지가 있다. 우선 하나는 녹차다. 필자는 매일 아침 깊은 향과 맛이 우러나는 녹차 한 잔으로 일과를 시작한다.

또 하나는 책이다. 활자 중독이라 해도 좋을 만큼 책을 많이 읽는 편이다. 양질의 지식을 다양하게 그리고 많이 접해야 더욱 훌륭한 책을 쓸 수 있을 거라는 믿음에서다.

마지막은 자동차다. 각종 외제차를 섭렵하는 그런 사치스러운 취미를 가지고 있냐고? 천만의 말씀! 공고 졸업 후 자동차 회사 근무 경력 때문인지 자동차 관련 뉴스나 생산, 디자인 등에 유난히 관심이 많다.

여기서 질문! 책과 녹차, 자동차의 공통점을 거론해보라. 두 가지가 아닌 세 가지라 조금 전 문제보다 까다로울 수 있다. 이번엔 다섯 가지만 떠올려 보라.

독자들이 가장 먼저 떠올린 공통점은 이게 아닐까.

'이 책의 저자가 좋아하는 것, 세 가지!'

필자가 떠올린 책과 녹차 그리고 자동차의 공통점은 이렇다.

대체품이 존재한다. 일반 가정에 하나쯤 있다. 대량 생산이 가능하다. TV나 신문, 잡지 등에 자주 등장한다. 물에 취약하다. 시장에서 구매할 수 있다. 시간이 지나면 낡는다. 종류가 다양하다. 없어도 생명에 지장이 없다. 여유로움과 편안함을 준다. 사람이 만들었다. 배달이 가능하다. 가격이 매겨져 있다. 온라인 구매가 가능하다. 타인에게 선물할 수 있다. 재활용이 가능하다. 음악과 함께 즐길 수 있다. 신제품이 끊임없이 등장한다. 느긋하게 앉아서 즐길 수 있다. 많이 가지고 있으면 자랑거리가 된다. 여행할 때 활용하면 좋다. 연인끼리 즐길 수 있다. 특유의 냄새(향기)가 있다. 전시관이 있다. 단종될 수 있다. 원재료가 자연에서 나온다. 가격 차이가 심하다. 제조 과정이 필요하다. 시간 때우기에 안성맞춤이다. 모두 한글 자음 'ㅊ'이 들어간다. 명칭(영어)에 알파벳 'c, d, f, h, j, p, q, s, v, w, x, y, z'가 들어 있지 않다. (참고로 book, green tea, automobile이다.)

전혀 다른 영역에 존재하는 세 가지 사물임에도 꽤

많은 공통점이 발견되지 않는가?

이번엔 21세기 자본주의를 살아가는 현대인들이 늘 쫓기는 두 가지, '시간'과 '돈'의 공통점을 생각해보자.

도둑맞을 수 있다. 많을수록 좋다. 항상 부족하다. 누구에게나 필요하다. 한정되어 있다. 성공의 척도다. 숫자로 표시된다. 쓰고 나면 아깝다. 쓸 수밖에 없다. 관리하기 힘들다. 없으면 짜증난다. 들어오긴 어렵지만 나가긴 쉽다. 소모성을 가진다. 격언의 단골 단어다. 없어봐야 귀한 줄 안다. 인생의 필수 요소다. 나이에 따라 중요성이 다르다. 가지기 위해 욕심을 부린다. 없는 사람은 죽어가기도 한다. 강력한 무기가 될 수 있다.

끝으로 '시간'과 '돈'의 결정적인 차이점에 대해서도 짚어보면 어떨까? 흔히 'Time is money'라고 하는데, 사실 시간은 돈이 아니다. 돈은 지금 당장 수중에 없더라도 언젠가 다시 생길 수 있지만 시간은 어떤 일이 있어도 원래 시점으로 되돌릴 수 없다. 100조 아니 100경(京), 100해(垓)라는 천문학적인 돈을 쏟아부어도 불가능하다. 비디오테이프처럼 시간을 처음으로 되돌리는 건 애당초 있을 수 없는 일이다. **결국 시간과 돈은 모두 소중하지만 시간이 훨씬 더 값지다.**

구역질나는 썩은 시체를 그리다

06

레오나르도 다빈치!

그는 일생 동안 남녀노소 구분 없이 30여 구의 시체를 해부했다.
방부제도, 냉동고도 없던 그 시절,
그는 시체 썩는 고약한 냄새를 맡아가며
장기 곳곳을 관찰해 해부도를 남겼다.

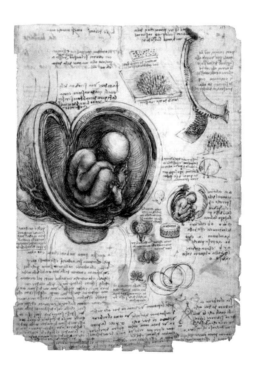

다빈치 기법,
그런 게 있어?

무릇 발상은 '가능할까? 불가능할까?'가 아니라
'할까? 말까?'여야 한다.

가장 무서운 그림을 그리는 비법!

서양미술사에서 최고의 걸작이라 손꼽는 〈모나리자〉와 〈최후의 만찬〉을 그린 화가, 인류 역사상 가장 다재다능한 인물로 거론되는 사람, 지금 이 순간 당신의 머릿속에 떠오른 사람은 누구인가? 솔직히 부가 설명은 사족(蛇足)이다. 주인공은 바로 레오나르도 다빈치(Leonardo da Vinci)다.

다빈치는 이탈리아의 예술가이자 건축가, 음악가, 과학자, 수학자, 문학가, 사상가, 발명가, 작가 등 무수한 호칭에 걸맞게 세상 만물의 경계를 자유롭게 넘나들었다. 그는 그림을 시작으로 조각, 건축, 의학, 해부학, 원근법, 색채학, 식물학, 지질학, 천문학, 수리학, 물리학 등 다양한 분야에서 탁월한 실력과 성과를 일구어낸 창의적 발상의 대가다. 미각까지 탁월한 덕분에 요리사를 자처하며 친구와 함께 레스토랑을 오픈한 괴짜이기도 했다.

그는 이미 500년 전에 비행장치, 낙하산, 탱크, 헬리콥터, 자동차, 펌프, 수로, 굴착기, 기중기, 증기선, 엘리베이터, 다연발 기관포 등을 고안했을 뿐 아니라 인체 해부도, 자궁 속 태아의 모습 등을 놀랍도록 세밀하게 그림으로 남겼다.

특히 다빈치는 그림을 그릴 때 서로 다른 얼굴의 요소(눈, 코, 입, 귀, 턱, 이마, 머리 등)를 무작위로 조합해 그림을 그렸다. 이런 다빈치만의 방식을 가리켜 '다빈치 기법'이라 부른다.

다빈치의 어린 시절 이야기다. 어느 날 그의 아버지가 어린 다빈치를 불러 방패 하나를 건네며 이렇게 말했다.

"애야, 적들이 겁을 먹을 정도로 무시무시한 그림을 이 방패에 그려주겠니?"

"그럼요."

다빈치는 오전 내내 세상에서 무섭다는 갖은 동물의 얼굴을 방패 위에 그려보았지만 적들이 벌벌 떨 정도는 아니라고 생각했다. 그는 점심 식사를 마친 뒤 소화를 시킬 겸 집 주변을 거닐었다. 그때 그의 머릿속에 불현듯 아이디어가 스쳐갔다. 다빈치는 풀숲에서 도마뱀을 시작으로 들판과 나무에 기생하는 온갖 종류의 곤충, 동굴 바위틈 속에 잠들어 있는 박쥐, 개울가의 물고기를 잡았다. 그러고는 채집한 것들을 살피며 그들의 가장 무서운 부분만을 방패에 그려 넣었다. 그렇게 완성된 그림 속에는 이 세상에 존재하지 않는, 온몸에 소름이 돋을 만큼 징그럽고 흉측한 모습의 괴물이 탄생해 있었다.

이렇게 다빈치는 상상 속의 동물을 창조하기 위해 실제 여러 동물의 일부를 결합함으로써 아버지의 부탁을 들어줄 수 있었다.

기하급수적 조합에 놀라다!

다빈치 기법을 활용하면 실제로 떠올릴 수 있는 얼굴의 종류는 상상을 초월한다. 다음 표를 통해 다빈치 기법의 위력을 실감해보라.

눈	코	귀	입	턱	이마	머리
둥근 눈	들창코	돌출 귀	입술이 두터운 입	이중 턱	넓은 이마	큰 머리
찢어진 눈	매부리코	칼 귀	꽉 다문 입	늘어진 턱	좁은 이마	작은 머리
가는 눈	주먹코	귓불이 두터운 귀	꼬리가 처진 입	사각 턱	각진 이마	둥근 머리
끝이 처진 눈	가는 코	귓불이 없는 귀	돌아간 입	둥근 턱	둥근 이마	계란형 머리
끝이 올라간 눈	긴 코	오목 귀	벌어진 입	뾰족한 턱	튀어나온 이마	뒤통수가 튀어나온 머리
움푹 들어간 눈	넙적한 코	긴 귀	작은 입	짧은 턱	들어간 이마	뒤통수가 평평한 머리
튀어나온 눈	오뚝한 코	짧은 귀	큰 입	주걱턱	오뚝한 이마	역삼각형 머리
부라린 눈	비틀린 코	둥근 귀	입술이 얇은 입	들어간 턱	볼륨감 있는 이마	긴 머리
사팔눈	콧구멍이 작은 코	평평한 귀	튀어나온 입	무턱	주름진 이마	사각 머리

표처럼 얼굴 구성 요소로는 눈, 코, 귀, 입, 턱, 이마, 머리 총 7개 변수로 한정하고, 각 변수에서 도출된 특징(각각 9가지)만을 가지고도 무려 4백 78만 2,969가지(9^7)의 조합을 만들어 낼 수 있다. 이게 바로 다빈치 기법이 가진 엄청난 위력이다.

표 안의 점선으로 묶여 연결된 특징은 어떤 얼굴을 그리는 데 사용된 4백 78만 2,969가지의 조합 가운데 하나에 지나지 않는다. 그렇다면 '움푹 들어간 눈-비틀린 코-귓불이 두터운 귀-입술이 두터운 입-둥근 턱-볼 륨감 있는 이마-뒤통수가 튀어나온 머리'를 가진 사람의 얼굴을 떠올려 보라. 과연 어떤 모습일까?

여기에 더해 머리만 가지고 생각해보자. 앞 표에서 언급한 머리 형태

(頭形)에 커트, 매직, 쉐도우펌, 샤기펌, 베이비펌, 바비리스, 베베펌, 디지털펌, 호일펌, 로또펌, 내피헤어 등과 같은 헤어스타일, 또한 염색까지 조합한다면 이루 헤아릴 수 없을 만큼의 다양한 모습이 창출된다.

다빈치 기법을 응용하면, 세상에서 가장 무서운 동물을 그리는 게 얼마든 가능하다. 역으로 '세상에서 가장 멋진 모습' 역시 창조해낼 수 있다. 세상에서 가장 멋진 부분들만 조합하면 되기 때문이다. 물론 부분(部分) 최적(最適)이 전체 최적은 아니기 때문에 조화가 이루어지지 않은 어색한 모습이 될 수도 있다. 그러나 이런 다빈치 기법은 창의적 발상이 필요할 경우 손쉽게 수만 가지의 아이디어를 얻을 수 있어 여러 분야에 걸쳐 적용이 가능하다.

다빈치에 대한 얘기가 나온 김에 그의 천재성에 대해 언급하지 않을 수 없다. 많은 사람이 다빈치를 가리켜 '타고난 천재'라고 부른다. 그의 엄청난 자질을 일컫다가 더 이상 원인 파악이 불가능하자 '태생적 묻지마 천재'로 지칭하게 된 것이다. 하지만 그는 자신만의 노트를 가지고 아침저녁으로 떠오른 아이디어를 끊임없이 기록하는 습관을 가지고 있었다.

그런 노력이 있었기에 다빈치는 르네상스의 상징, 유럽 예술의 최고봉이라 칭송받는 것이 아닐까! 다빈치는 결코 '타고난 천재'가 아니라 노력을 통해 길러진 '발상 천재'다.

그는 결코
'타고난 천재'가 아니라
노력을 통해 길러진
'발상 천재'다.

오렌지 10개 나누기, 과연 가능할까?

이것도 문제인가?

탱글탱글 탐스럽게 여문 오렌지 열 개가 탁자 위 쟁반에 담겨 있다. 향긋한 향기가 코를 자극해 침이 절로 넘어간다. 이 열 개의 오렌지를 세 명의 친구에게 '공평'하게 나눠주려고 한다. 어떤 방법이 가장 좋을까?

이게 문제냐고 불평을 할지도 모르겠다. 어쩌면 가장 먼저 떠오른 해결책은 세 명의 친구에게 오렌지 세 개를 나눠주고, 나머지 한 개는 과도로 삼등분해서 나눠주는 것, 혹은 나머지 한 개는 내가 먹는 것이 아니었는가? 누구든 쉽게 떠올리는 답이자 일상에서 얼마든지 접할 수 있는 간단명료한 방법이다.

하지만 여기엔 맹점(盲點)이 존재한다. 오렌지는 국제표준화기구(ISO)나 한국산업규격(KS) 등에서 규정하는 표준화된 제품이 아니다. 크기나 (미묘한) 모양, 향기 등이 천차만별이다. 따라서 오렌지 열 개를 단순히 세 개씩 그리고 한 개는 삼등분하여 나눈다는 건 분명 문제가 있다. 게다가 공평하게 나눠 가져야 한다는 전제 조건도 충족시키지 못한다.

그렇다면 오렌지의 크기가 어느 누구 하나에게 편중되지 않도록 분배한 다음 세 명이 가진 오렌지의 무게를 달아본다. 이때 부족한 사람에게는 나머지 한 개의 오렌지로 조정해 분배한다. 참 좋은 생각(?)이지 않은가?

앞의 두 해결책은 모두 '수직적 사고'의 결과물이다. 세 명의 친구에게 공평하게 나눠준다는 것에 초점을 맞추고 이를 위해 지극히 상식 및 논리적으로 접근해 가는 방식을 채택하고 있기 때문이다.

첫 번째 해결책에서 오렌지 한 개를 정확히 삼등분하는 건 결코 쉬운 일이 아니다. 신중에 신중을 기해 나눴음에도 친구 입에서 "저게 더 큰 것 같아. 불공평해"라는 불만이 쏟아질 수도 있어서다.

또 두 번째 해결책의 경우를 생각해보자. 알다시피 오렌지는 단맛과 신맛을 동시에 느낄 수 있는 과일이다. 물론 아무 맛도 나지 않는 밍밍한 오렌지도 더러 있다. 오렌지를 무게로만 배분하면 공평성의 문제가 제기될 수 있다.

이를테면 친구 중 한 명이라도 "내 오렌지만 왜 이렇게 신맛이 강해?", "내 오렌지는 아무 맛도 나지 않아", "내 오렌지는 달기는 한데 상큼한 향이 없어", "색깔이 왜 이래? 덜 익은 건가?"라고 불만을 토로한다면 분위기는 싸늘하게 바뀔지도 모른다.

생각이 짧으면 근심이 길다!

이번엔 또 다른 해결책을 찾아보자. 먼저, 열 개의 오렌지를 믹서기로 갈아 주스를 만든다. 그리고 친구 세 명에게 정확하게 나누어준다. 이 방법을 이용하면 공평성 문제는 사라질 수 있다. 오렌지를 주스로 가공해서는 안 된다는 조건은 어디에도 없다. 또한 몇 개 되지는 않지만 오렌지 열 개로 잼을 만들어 나눠 먹을 수도 있다. 적어도 무게라면 소수점까지 정확히 계산할 수 있어 나누기가 한결 수월하다.

"너무 유치한 생각이잖아!"라며 혀를 찰지도 모른다. 부디 당신이 지금껏 얼마나 발상에 제약 조건을 설정해두고 있었는지 그리고 기존 관념에 얼마나 얽매여 있었는지 반성의 기회로 삼았으면 좋겠다. 늘 '전제와 상식'을 뛰어넘어야 자유로운 발상이 가능하다.

그렇다면 이 밖에 다른 방법은 없을까? 물론 아니다. 또 다른 해결책을 얼마든지 떠올려볼 수 있다.

오렌지 열 개를 세 명의 친구에게 세 개씩 나눠주고, 남은 오렌지 한 개에서 씨앗을 채취한 다음 텃밭에 심는다. 수년 뒤 나무가 무럭무럭 자라 오렌지가 열렸을 때 같은 수만큼 나눠 가지는 것은 어떨까? 지나친 비약이 아니냐고? 천만의 말씀! 《논어(論語)》의 〈위령공편(衛靈公篇)〉에 이런 문장이 있다.

인무원려 필유근우(人無遠慮 必有近憂).

'사람이 멀리 내다보고 생각하지 않으면, 반드시 가까운 데서 근심이 생겨난다'는 뜻이다. 또 그 주해에는 '여부재천리지외 환재궤석지하(慮不在千里之外 患在几

席之下)'라고 풀고 있다. 이는 '생각이 천리 밖에 있지 않으면 근심이 책상과 자리 밑에 있다'는 의미다. 거리나 시간적으로 멀리 보고 넓고 크게 발상 전환을 꿈꿔 야 한다는 큰 가르침이다.

오렌지의 씨앗을 채취해 그로부터 결실을 추구하는 것은 장기적 투자를 통한 분배 방식이다. 이 또한 지금 눈앞에서 곧바로 오렌지를 배분해야 한다는 사고에 얽매이지 않아야 도출될 수 있는 창의적 발상이다.

앞의 여러 해결책처럼 단 하나의 해답 찾기에 매몰되기보다 다양한 해답이 존 재함을 깨닫고 이를 끌어내도록 힘써야 한다. 실제로 현실 세계엔 주어진 문제에 다양한 해결책이 존재한다. 더욱 많이, 또 다른 창의적 답안을 찾기 위해 에너지를 쏟아보라.

명심하라. 우리는 생각보다 더 큰 창의적 존재라는 사실을!

사실 앞 문제를 어떤 잡지에 게재한 적이 있다. 이때 독자들이 보내준 몇 가지 흥미로운 답변을 소개한다.

독자 A
"전 4세, 3세, 1세 여자아이 셋을 키우고 있는 엄마입니다. 저라면 세 개씩 나눠주고 제 가 하나 먹을 것 같아요. 세 명에게 공평하게 세 개를 주고 나머지 하나는 나눌 필요 없 이 '자, 너희들은 세 개씩 먹으니까 이건 엄마 줄 수 있지?'라고 말하면 아마 우리 딸들 은 '응'이라고 대답하고 제가 '엄마 더 먹고 싶은데' 하고 말하면 조금 더 나눠줄 것 같아요. 이건 사랑과 가족이라는 집단에서 발생하는 서로를 향한 배려(?)라고 생각해요. 서로를 믿고 사랑하는 마음이 더해지면 조금 적게 먹더라도 마음으로는 공평하다고 생각할 수 있지 않을까요?"

독자 B

"오렌지 열 개를 세 개씩 나눠 먹고 한 개는 기부합니다. 기부하는 기쁨을 공유하면 각자의 마음에 보상을 받게 되죠. 이는 새로운 세계를 여는 열쇠가 되는 겁니다."

독자 C

"우선 한 사람은 오렌지 네 개를, 두 사람은 세 개를 갖습니다. 네 개를 가진 사람은 한 개를 더 가졌으니 두 사람의 오렌지 껍질까지 치워도 손해를 본다고 생각하지 않을 것이고, 세 개를 먹은 사람도 껍질을 치우지 않아도 되는 수고를 덜었으니 손해를 본다고 생각하지 않을 겁니다. 오렌지를 정확히 나누어야만 공평한 게 아니라, 세 사람 모두 자신이 다른 사람보다 부당한 대우를 받지 않았다고 판단하면 그게 공평한 것이지요. 하지만 아무도 오렌지 네 개를 원치 않을 경우, 그 오렌지는 제3자에게 양도한 뒤 세 개씩 먹고 각자 알아서 오렌지 껍질을 치웁니다."

가족의 사랑과 배려, 기부를 통한 기쁨의 공유 그리고 공평이라는 개념을 또 다른 논리로 설명해준 독자들에게 깊은 감사를 드린다.

문득 이런 생각도 해본다. 일자리도 공평이란 미명하에 남녀노소 관계없이 일방적으로 나눌 게 아니라 성별이나 연령대에 맞추어 작업량이 부과된다면 어떨까? 이런 방식이 사회적 공평에 가까운지도 모른다.

실제로 그런 회사가 있다. 도요타 자동차가 그 주인공이다. 이 회사는 정년 후 재고용 희망자가 현재의 70%에서 80%로 늘어날 것으로 판단해 작업 방식의 다양화를 서두르고 있다. 그 일환으로 60세 정년 이후 재고용을 대비해 고령 직원 전용의 생산 라인까지 마련했다. 그리고 그 전용 라인에서 생산하는 차종을 한 종류로 한정하고, 라인 속도를 늦추어 체력이 떨어진 고령 직원들이 근무하기 적합한 환경으로 꾸몄다.

이는 정년을 맞은 직원들 가운데 희망자에 한해 65세까지 고용하도록 의무화한 '개정 고령자 고용 안정법'이 2013년 4월부터 발효됨에 따른 대응책이다. 작업 속도는 느리지만 직원 한 명이 복수 공정을 담당한다. 비록 체력은 떨어졌을지 몰라도 그동안 쌓아온 고령 직원들의 숙련된 기술을 최대한 살려 생산성을 유지하자는 깊은 의도다.

'사람이 멀리 내다보고
생각하지 않으면,
반드시 가까운 데서
근심이 생겨난다.'

먹이를 쫓는
굶주린 매처럼
앞장서라

07

"사람들 사이에 있을 때는
잘 기른 송아지처럼 말이 없어야 하고,
전투를 할 때는 사냥터에서
먹이를 쫓는 굶주린 매처럼
앞장서야 한다."

13세기 초에 몽골 제국을 수립한 칭기즈칸의 말이다.
그는 유라시아 대륙까지 정복해 역사상 유례없는 대제국을 이루었다.
그의 역사는 몽골과 시베리아 지역이 맞닿은 곳,
오논강 유역에 있는 숲의 작은 씨족 마을에서 시작되었다.

숟가락 하나로
호수를 파다!

가장 똑똑하고 영리한 사람이 정상에 오른다는 것은 잘못된 신화다.
성공은 무서운 집중력과 반복적 학습의 산물이다.
—말콤 글래드웰

산을 옮기다!

"재능은 타고나는 걸까, 후천적으로 습득하는 걸까?"

이 질문에 답하긴 쉽지 않다. 다만 '발상력'은 누구든 후천적 학습을 통해 습득할 수 있다. 그렇다면 후천적 학습은 어떻게 하는 게 효과적일까? 여기에 대한 가장 완벽한 대답은 미국 화학자 라이너스 폴링(Linus Pauling)의 말로 대신한다.

"좋은 아이디어를 얻는 최선의 방법은 많은 아이디어를 얻는 것이다."

'아이디어의 수가 결국 양질의 아이디어로 가는 최상의 길'이라는 의미다. '다다익선(多多益善), 천려일득(千慮一得)'이라고도 했다. '제아무리 어리석은 사람도 천 번 이상 생각하면 한 번 정도는 취할 만한 생각을 한다'라는 의미심장한 성어다. 참고로 폴링은 평생 한 번도 받기 힘든 노벨 상을 무려 두 번이나, 그것도 단독으로 수상한 대단한 인물이다.

마르크스-엥겔스의 이론 중 '양질전화(量質轉化)'라는 게 있다. 이는 변증법적 유물론의 중요한 개념으로, 양(量)이 축적되어 쌓이면 어느 순간 질(質)적인 변화를 일으킨다는 지적이다. 이 원리의 핵심은 반드시 양적 과정이 축적돼야만 질적 변화를 겪게 된다는 거다. 양의 축적이 이 원리의 대전제인 셈이다.

우리가 잘 아는 서양 격언 '최후의 지푸라기 하나가 결국 낙타의 허리를 부러뜨린다'라는 말도 결국 양적인 축적이 임계점에 달해 어느 순간 질적 변화를 불러왔음을 의미한다.

비록 초보 사냥꾼이라 해도 헛손질을 두려워하지 않고 자꾸 쏘다 보면 토끼를 잡게 되고 이어 사슴과 늑대를 잡게 되며, 어느 순간부터 거대한 곰과 매서운 호랑이도 명중시킬 수 있지 않을까? 끊임없이 쏘다 보면 양적으로 내공이 쌓이고 그렇게 되면 자연스레 질적 업그레이드가 이뤄져 명사수로 거듭난다.

인간의 발상도 예외가 아니다. 양적으로 수많은 발상을 거듭해야 질적으로 우수한 발상이 가능해진다. 양적 팽창은 질적 전이를 가져온다. '성공하다'라는 의미의 'Succeed'를 보라. 여기엔 '계속하다'라는 의미도 담겨 있다. 어떤 분야에서든 '성공'하기 위해서는 꾸준히 '지속성'을 가지고 해야 한다.

결국 제대로 된 아이디어를 도출하려면 일희일비(一喜一悲)할 게 아니라 수년 혹은 수십 년이란 긴 시간에 걸친 지속적 노력이 수반돼야 한다. 그런 측면에서 세상에 나쁜 발상이란 없다.

먼 옛날 중국의 태행산과 왕옥산 사이의 좁은 땅에 우공(愚公)이라는 노인이 살고 있었다. 태행산과 왕옥산은 둘레가 700리나 되고 높이도 수만 척(尺)이나 되는 어마어마한 산이었다. 이 두 산이 집 앞뒤를 가로막고 있어 왕래가 불편하자 하루는 우공이 가족들을 모아놓고 이렇게 말했다.

"우리 가족이 힘을 합쳐 두 산을 옮길 생각이다. 그렇게 되면 길이 넓어져 드나들기 수월할 것이다."

아내와 자식들은 모두 반대했다. 하지만 우공의 의지를 꺾을 수 없었다. 가족들은 이튿날부터 곧바로 일에 착수했다. 우공과 아들, 손자는 산에서 파낸 흙을 지게에 지고 걸어서 1년이나 걸리는 발해(渤海)까지 가버리고 돌아왔다.

이 모습을 지켜보던 이웃 사람들이 한심하다는 표정을 지으며 이렇게 물었다.

"이 큰 산을 어느 세월에 다 퍼다 옮긴다는 말이요?"

그러자 우공은 "내가 죽으면 내 아들, 아들이 죽으면 손자가 계속할 것이오. 이렇게 자자손손 대를 이어 산을 깎으면 언젠가는 평평한 길이 날 것이오"라고 응수했다.

옥황상제는 우공의 그와 같은 기개에 감동했다. 그래서 두 산을 지키던 산신에게 명하여 하룻밤 사이에 두 산을 다른 곳으로 옮기도록 명했다. 이리하여 기주

남쪽에서 한수(漢水) 남쪽까지는 산 대신에 직선 도로가 생겨났다.

중국 고사의 '우공이산(愚公移山)'을 설명한 내용이다. '수적천석(水滴穿石)'이라는 말이 있다. '별 볼일 없어 보이는 낙숫물이 집채만 한 바위에 구멍을 낼 수 있다'는 의미다. 무게나 속도 때문이 아니다. 오로지 한 방울 한 방울의 지속성 덕분이다.

그렇다. 세상을 바꾸는 건 머리가 좋은 사람이 아니라 미련하고 고집스러워 보이지만 원칙과 소신을 가지고 지속적으로 노력하는 사람이다. 우직한 노력이 우리의 삶에 얼마나 대단한 결과를 가져오는지 당신도 잘 알고 있을 거라 믿는다.

오로지
한 방울 한 방울의
지속성이
집채만 한 바위에
구멍을 낼 수 있다.

지속성, 마침내 입을 떼다!

1953년에 세계에서 최초로 에베레스트 정상에 오른 에드먼드 힐러리 경(Sir Edmund Hillary)에게 기자들이 질문했다.

"어떻게 세계 최고봉을 정복할 수 있었나요?"

"간단합니다. 한 발 한 발 걸어서 올라갔습니다. 진정으로 바라는 사람은 이룰 때까지 합니다. 안 된다고 좌절하는 것이 아니라 방법을 달리합니다. 방법을 달리해도 되지 않을 땐 그 원인을 분석합니다. 분석해도 되지 않을 땐 연구합니다. 이쯤 되면 운명이 손을 들어주기 시작하죠."

이러한 힐러리의 대답은 앞서 소개한 우공의 생각과 완전히 일치한다.

"우리가 겪는 대부분의 실패는 우리의 능력 부족이라기보다 지속성의 부족 때문이다"라고 말한 20세기 슈퍼 지성 아인슈타인! 그는 지속성의 소중함에 대해 종종 입을 열었다.

"나는 똑똑한 것이 아니라 단지 문제를 더 오래 연구할 뿐이다."

"어느 것이 자랄지는 결코 알 수 없으니 계속 씨를 뿌려라. 어쩌면 모두 자랄 수도 있겠지."

이러한 지속성이 아인슈타인을 20세기 최고의 창의적 인물로 만든 힘의 원천이었다. 아인슈타인은 유명한 '상대성이론' 외에도 248편의 훌륭한 논문을 더 남겼다.

"내가 훌륭한 미술가가 되기 위해 얼마나 피나게 노력했는지 사람들이 안다면 내 솜씨가 그저 놀랍게만 보이지 않을 것이다."

누가 이런 훌륭한 말을 했을까? 조각가요, 건축가요, 화가요, 시인의 삶을 살다 간 거장 '미켈란젤로'다. 대부분 사람은 미끈한 다비드상을 창조한 미켈란젤로를 하늘이 내린 천재라고 생각하고 그의 숨겨진 노력에 대해선 재조명하려 들지 않는다.

그는 당시 12가지 걸작 가운데 하나인 〈최후의 심판〉을 무려 8년 동안 온갖 고난을 겪으며 완성했다. 우리가 아는 위대한 사람들은 단번에 높은 자리에 펄쩍 뛰어오르지 않았다. 경쟁자들이 모두 단잠에 빠져 있을 때 자리를 박차고 일어나 몰려오는 졸음을 참으며 일에 몰두했기에 가능한 일이었다.

개인이든 조직이든 성패를 가르는 분기점은 끈기 있는 도전, 즉 지속성이다. 포기하지 않는 사람을 결코 이길 수 없는 까닭은 바로 여기에 있다.

신문지 접어
달나라
여행하기

08

신문지 한 장으로
할 수 있는 일?

1. 땡볕을 피할 모자를 만들 수 있다.
2. 화장지 대용으로 쓸 수 있다.
3. 종이비행기를 접어 날리며 과거를 회상할 수 있다.
4. 둘둘 말아 말을 잘 듣지 않는 친구의 머리통을 갈겨줄 수 있다.
5. 퍼레이드 종이 가루로 만들어 날릴 수 있다.

당신의 머릿속엔
어떤 획기적인 방법이
숨겨져 있을까?

하찮아 보여도
하찮은 게 아니다!

내 농구 인생에서 9,000번 넘게 슛에 실패했고 300번가량 게임에 졌다.
그 가운데 26번은 마지막 회심의 역전 슛이 실패해서 진 것이다.
이처럼 내 삶은 실패의 연속이었다. 바로 이것이 내가 성공한 이유다.

—농구선수 마이클 조던

도전, 신문지 9번 접기!

지금 당신 앞에 신문지 한 장이 놓여 있다. 그 신문지를 절반씩 최대 몇 번
까지 접을 수 있을까? 성가셔할 당신을 위해 사지선다형으로 제시했다.

① 5번
② 10번
③ 20번
④ 30번

과연 신문지를 50번 접으면 그 두께는 얼마나 될까? 뭐 신문지가 두꺼
워 봐야 백과사전 두께 정도 되지 않을까? 더 두껍더라도 성인 남성의 키

정도? 누구나 한 번쯤 궁금증을 가질 만한 질문이다. 호기심을 해결할 수 있는 가장 좋은 방법이 있다. 바로 직접 접어보는 거다.

신문지를 한 번 접으면 2겹, 또 한 번 접으면 4겹, 또 한 번 접으면 8겹이 된다. 이렇게 8번을 접으면 신문지는 모두 256겹이 된다. 이쯤 되면 '아차' 하고 무릎을 칠 게다. 신문지를 더 이상 접기 힘들다는 사실을 알아차렸을 테니 말이다.

계산의 편의성을 위해 신문지 한 장의 두께를 0.1mm라고 가정한다. (실제 두께는 이보다 더 얇다.)

1번 접는다. 두께는 0.1mm×2=0.2mm

2번 접는다. 두께는 0.2mm×2=0.4mm

3번 접는다. 두께는 0.4mm×2=0.8mm

4번 접는다. 두께는 0.8mm×2=1.6mm

5번 접는다. 두께는 1.6mm×2=3.2mm

5번을 접었음에도 그 두께는 불과 3mm 남짓이다. 50번을 접는다고 두께가 뭐 그리 늘어날까? 계속 접어보자.

6번 접는다. 두께는 3.2mm×2=6.4mm

7번 접는다. 두께는 6.4mm×2=12.8mm(약 1.2cm)

8번 접는다. 두께는 12.8mm × 2 = 25.6mm

신문을 절반씩 사람 손으로 접을 수 있는 회수는 최대 8번까지이나, 수학적으로 계산을 이어 가보자.

9번 접는다. 두께는 25.6mm × 2 = 51.2mm
10번 접는다. 두께는 51.2mm × 2 = 102.4mm

드디어 10cm가 넘었다. 그런데 숫자 보기가 슬슬 지겨워진다. 지금부턴 접는 횟수와 신문지 두께만 표시한다.

11번 접으면, 204.8mm
12번 접으면, 409.6mm
13번 접으면, 819.2mm
14번 접으면, 1,638.4mm (약 1.6m)

마침내 14번을 접은 신문지의 두께가 1m를 넘었다.

15번 접으면, 3,276.8mm
16번 접으면, 6,553.6mm
17번 접으면, 1만 3,107.2mm
18번 접으면, 2만 6,214.4mm
19번 접으면, 5만 2,428.8mm

불과 19번에 우리들이 살고 있는 20여 층의 아파트 높이를 넘어섰다. 50번 접으려면 아직 31번을 더 접어야 한다. 자신의 추론이 한참 빗나가고 있음을 직감하기 시작한다.

이런 괴리는 인간의 직관은 산술급수적(1, 2, 3, 4, 5…)으로 증가한다고 추론하는 데 비해, 신문지 두께는 두 배씩 늘어나는 이른바 기하급수적(1, 2, 4, 8, 16…)으로 증가하기 때문이다.

신문지를 20번 접으면, 10만 4,857.6mm, 100m를 넘어선다. 그 위에서 100m 달리기가 가능해진다.

이렇게 계속해서 30번, 40번, 신문지를 접어나가면 그 두께는 폭발적으로 늘어난다.

30번 접으면 0.1mm×2^{30}=1억 7,37만 4182.4mm(약 107km)

40번 접으면 0.1mm×2^{40}=1099511162777.6mm(약 10만km)

50번 접으면 0.1mm×2^{50}=112,589,990,684,262.4mm

드디어 처음에 목표한 50번을 접으면, 1억 12,58만 9,990km가 된다. 지구에서 달까지의 거리가 38만 4,000km이니 0.1mm 두께의 신문을 50번 접으면 지구에서 달까지 무려 293회나 왔다 갔다 할 수 있는 엄청난 두께가 된다. 더 정확하게 지구에서 달까지 거리는 0.1mm×2^{42}=약 43만 9,804km다. 다시 말해 신문지 42번만 접으면 지구에서 달에 도달할 수 있다는 얘기다.

더 나아가 지구에서 태양까지 거리가 1억 49,60만km이니, 0.1mm 신문지를 51번만 접으면 지구에서 태양까지 도달할 수 있다는 계산이 나온다.

이게 바로 거듭제곱의 파워가 아니고 무엇이겠는가!

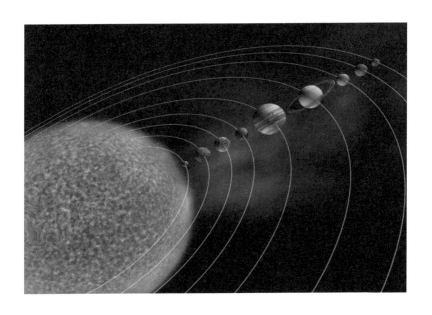

거듭제곱의 힘과 마법

거듭제곱의 경이로움은 이자(利子)에 또다시 이자가 붙는 '복리(複利, Compound Interest)'와 일맥상통한다. 아인슈타인이 노벨상을 받을 때 기자들이 그에게 "인류 최고의 발명품이 무엇입니까?" 하고 물었다. 그의 과학적 성과를 염두에 두고 던진 질문이었다. 예상과 달리 아인슈타인은 '복리'라고 대답하며 이렇게 덧붙였다.

"복리야말로 우주에서 가장 강력한 힘이자, 인류 최고의 발명품입니다."

석유왕 록펠러도 "복리는 세상의 8번째 불가사의다"라는 말을 남겼다. 실제 그런 말을 언급했는지 논란은 있으나, 복리에 '마법'이 숨어 있는 것은 부인할 수 없는 사실이다. 앞서 거론한 신문지 접기처럼 말이다.

그렇다면 복리엔 어떤 기능이 작동하기에 자산 가치를 기하급수적으로 증가시키는 것일까? 자세히 따져보자.

원금 100만 원을 연 10%의 이자율로 맡긴다고 가정하자. 단리(單利, Simple Interest)를 적용하면 첫해에 10만 원, 이듬해에도 10만 원의 이자가 붙어 2년 뒤에는 120만 원이 된다. 반면, 복리일 경우 첫해 이자 10만 원, 이듬해에는 원금에 이자를 더한 110만 원에 10%의 이자율을 적용해 모두 121만 원으로 불어난다. "뭐야, 고작 1만 원밖에 차이가 나지 않잖아!"라고 말할 수도 있다. 하지만 그렇게 우습게 볼 사안이 아니다. 기간을 10년으로 늘리면 단리로는 200만 원인 데 비해 복리로는 259만 원이나 된다. 기간이 길어질수록 복리의 위력은 우리의 상상을 넘어 폭발적으로 커진다.

전 세계 금융의 중심 월가가 있는 뉴욕 맨해튼. 하늘을 찌를 듯 무수한 마천루가 펼쳐져 있는 맨해튼은 지구촌에서 땅값이 가장 비싸기로도 유명하다. 이러한 맨해튼은 1626년에 이민자들이 아메리카 원주민들로부터 24달러에 매입했다. 이 가격이 적절한지 아닌지를 가지고 많은 논란이 있다. 대체 왜 그렇게 똥값에 맨해튼을 넘겼느냐고 불만을 제기하는 사람이 많다. 과연 똥값이었을까?

약 400년 가까이 흐른 지금 맨해튼 값어치는 얼마나 될까? 월가 역사상 가장 뛰어난 투자자 가운데 한 사람으로 손꼽히는 존 템플턴은 이렇게 말했다.

"24달러를 받은 인디언이 매년 8% 복리 수익률을 올렸다면 지금 맨해튼을 사고 로스앤젤레스(LA)를 두 번 사고도 돈이 남는다."

이자가 이자를 낳는 복리의 위력이 얼마나 대단한지를 잘 보여준다.

얘기를 다시 원점으로 돌려 상상의 나래를 더욱 활짝 펼치자. 신문지를 100번 접으면 얼마나 될까?

0.1mm×2^100=126,765,060,022,822,940,149,670,320,537.6mm가 된다. 이를 km로 환산해보면, '1,267해(垓) 6,506경(京) 22조 8,229억 4,014만km'가 된다. 읽어내기조차 버겁다. 아무튼 신문 100번

만 접으면 이 우주에서 인간이 가지 못갈 곳이 없다.

거듭제곱의 힘과 마법도 '지속적인 반복'이 투자되어야 작동한다는 걸 잊어선 안 된다. 즉 눈앞의 만족을 포기하는 대신 지속적으로 반복할 수 있는 인내와 정열이 있어야만 만들어내는 누적적인 성장의 과실이다.

매일 당신이 1%씩 1년간 성장한다면,

1.01의 365승 = 37.8

반대로 매일 당신이 1%씩 1년간 퇴보한다면,

0.99의 365승 = 0.03

1.01과 0.99의 차이는 실로 미미했건만,

1년 365일이 흐른 뒤엔

무려 1,260배라는 어마어마한 결과의 차이를 가져온다.

포기하지 말라. 사소해 보이는 일일지라도 조금씩 하다 보면 분명 큰일을 일구어낼 수 있다.

당신의 발상 전환도 그렇지 않을까.

우선 소소하고 가벼운 발상에서 시작해보자.

지속성,
그 위대함 속으로!

명언으로 읽는 지속성

지속성의 가치와 소중함을 짚어주는 명언을 소개한다.

세상의 그 어떤 것도 지속성을 대체할 수 없다. 재능도 아니다. 세상에는 재능이 있으나 실패한 자가 무수히 많기 때문이다. 천재성도 아니다. 보상받지 못한 천재 이야기는 널려 있다. 교육도 아니다. 세상은 학벌 좋은 낙오자로 가득하다. 하지만 지속성과 결단이야말로 전지전능하다.

─미국 30대 대통령 캘빈 쿨리지(Calvin Coolidge)

인내와 지속성 그리고 피나는 노력은 성공을 안겨주는 무적불패의 조합이다.

─성공 철학의 거장 나폴레온 힐(Napoleon Hill)

야망은 성공으로 향하는 길이고, 지속성은 당신을 데려다줄 자동차다.

─NBA 선수이자 정치가 빌 브래들리(Bill Bradley)

개울과 바위가 맞서면, 늘 개울이 이긴다. 바위의 단단함이 아닌 개울의 지속성 때문이다.

─부처(Buddha)

성공이라는 못을 박으려면 지속성이라는 해머가 필요하다.

-베스트셀러 작가 존 메이슨(John L. Mason)

천일(千日)에 걸친 연습은 단(鍛)이며, 만일(萬日)에 걸친 연습은 연(鍊)이라 한다. 그 점을 가슴 깊이 새겨라.

-당대 최고의 검객 미야모토 무사시(宮本武蔵)

나는 1만 가지 종류의 발차기를 연습한 사람은 두렵지 않다. 다만 하나의 발차기를 1만 번 연습한 사람이 두려울 뿐이다.

-영화배우 이소룡

지속성을 지닌 사람이 모두 성공하는 건 아니지만, 성공한 사람은 모두 지속성을 지닌 사람이었다.

-필자

최고의 책은 다음에 나올 책!

《보랏빛 소가 온다》의 저자 세스 고딘(Seth Godin)은 이렇게 일깨운다.

"작은 것이 위대한 제국을 건설한다."

사소한 것처럼 보이는 것(사소해 보이는 것)이 끊임없이 쌓이고 연결되고 반복되면 결과에 엄청난 차이를 가져온다는 경고다.

그는 이렇게 말하기도 했다.

"어떤 일을 마무리했다고 그것이 곧 걸작이 되는 것은 아니다. 나는 책을 100권 이상 만들어냈다. 물론 모든 책이 잘 나가지는 않았다. 하지만 그 책들을 쓰지 않았다면 나는 이 책(린치핀)을 쓸 기회를 얻지 못했을 것이다."

자, 이제 유명인들의 옆에 적혀 있는 숫자의 의미를 생각해보라. 대체 어떤 의미를 가지고 있는 걸까? 이는 한경닷컴의 '박종하의 아이디어 게임'에서 참고한 내용이다.

- 모차르트: 600
- 아인슈타인: 248
- 슬로우: 165
- 다윈: 119
- 프로이트: 650
- 렘브란트: 650/2,000
- 피카소: 20,000
- 셰익스피어: 154
- 에디슨: 1,093

이 숫자들은 유명인들이 남긴 작품의 수다. 모차르트는 600편의 음악을 남겼고, 아인슈타인은 248편의 논문을 남겼다. 프로이트는 650편의 논문을 남겼고, 렘브란트는 650점의 유화와 2,000장의 스케치를 남겼다. 위대한 작품을 만드는 비결은 더 많은 작품을 만드는 거였다. 더 많은 작품을 만들어 봐야 더 위대한 작품도 남길 수 있었다.

한 점의 불후의 명작을 남기기 위해 한평생 헌신하는 일은 분명 가치 있는 일이다. 하지만 뒤집어 생각해 더 많은 작품을 만들어 봐야 위대한 작품을 만들 확률도 훨씬 높아진다는 점을 망각해선 안 된다.

필자는 종종 기업이나 금융권, 독서 모임 등에서 강의한다. 강의 말미에 청중들에게서 자주 듣는 질문 하나가 있다.

"교수님 책 가운데 가장 마음에 드는 책을 한 권 추천해주세요."

당신이라면 이 순간 어떤 답변을 하겠는가? 필자의 답은 늘 한결같다.

"요 다음에 나올 책입니다."

30여 권의 책을 출간한 경험에 비춰 말하면, 엄청난 시간과 정성을 들인 생애 첫 번째 책보다 30번째 책이 내용이나 구성 면에서 더욱 알차다고 확신한다. 그렇게 보면 이다음에 나올 31번째 책이 더 자신 있게 추천할 수 있는 책이지 않을까!

지속성을 지닌 사람이
모두 성공하는 건 아니지만,
성공한 사람은 모두
지속성을 지닌 사람이었다.

맺는말

슬슬 책을 덮을 차례다. 본문에 미처 담지 못한 몇 가지를 언급하고
마무리한다.

창의적 발상의 잣대!

도출된 발상이 창의적이냐 그렇지 않느냐의 판별법! 다음 세 가지
잣대로 가늠할 수 있다.

1. 독창적인 발상인가?
2. 다양한 발상인가?
3. 유용(유익)한 발상인가?

특히 기업이라면 마지막에 거론한 '유용(유익)한 발상'을 소중하게
다뤄야 한다. 이익 추구를 존재 의의 중 하나로 아는 기업이라면 응당

그래야 옳다.

우리를 두렵게 만드는 사람들!

이 세상에서 가장 두려운 사람은 누구일까? 필자 생각엔 다음 두 사람이다.

첫 번째, 책을 한 권만 읽은 사람

평생 유일하게 읽은 책 한 권이 자신의 모든 지식이다. 따라서 그 내용만이 모든 판단의 잣대요 근거가 된다. 단순, 무식, 과격이라는 세 박자가 정신세계를 지배할 확률이 높아 세상에서 가장 무서운 사람으로 돌변할 수 있다. 앞서 언급했듯 책은 지식으로 가는 가장 빠른 지름길이다. 먹어야 싸고 읽어야 발상할 수 있다.

두 번째, 커피 심부름도 창의적으로 하는 사람

대부분 사람은 커피 심부름은 말단 여직원이 하는 일, 볼품없고 하찮은 일쯤으로 생각한다. '복생어미, 화생생홀(福生於微, 禍生生忽)'이라는 말이 있다. 복(福)은 사소한 일도 소홀히 하지 않는 데서 생기고 화(禍)는 사소한 일을 소홀히 하는 데서 불거진다.

다른 이들이 사소한 일쯤으로 여기는 커피 심부름을 갖은 정성을 다해 한다면, 복을 부르고 화를 내보낼 수 있으니 이 얼마나 무서운 사람이겠는가.

여기에 더해 '커피 심부름이나 복사 심부름을 할 때도 창의적으로 하는 사람'이라면, 아마 세상은 그를 커피 심부름꾼으로 그냥 두지 않을 게다. 하찮은 잡무이냐, 새로운 기회냐의 기준은 모두 본인의 결심과 해석하기 나름이 아닐까!

이제 비로소 시작이다!

너무 두려워 희망도 저 멀리 달아날 듯한 칠흑 같은 감옥 속에서 아픔을 짓누르며 한 시인이 시를 읊었다. 그의 이름은 '나짐 히크메트 (Nazim Hikmet)'.

그는 1902년에 터키에서 태어나 17년 동안 감옥살이를 했고, 시인이기에 앞서 극작가, 공산주의자, 혁명가의 삶을 살다 망명지 러시아에서 생을 마감한 기구한 운명의 소유자다.

가장 훌륭한 시는 아직 쓰이지 않았다.
가장 아름다운 노래는 아직 불리지 않았다.
최고의 날들은 아직 살지 않은 날들,
가장 넓은 바다는 아직 항해되지 않았고
가장 먼 여행은 아직 끝나지 않았다.

〈진정한 여행(A True Travel)〉이라는 시의 일부다. 이 시를 접한 대부분 사람은 펄떡거리는 가슴을 주체하지 못한다.

격정(激情)에 사로잡힌 시인은 지금껏 당신이 이르거나 접한 것들은 모두 소소한 일부에 지나지 않는다고 힘줘 말한다.

당신이 읽고 있는 이 책은 발상 전환과 창의적 사고에 대한 것을 다루고 있다. 그렇다면 이렇게 외쳐도 좋지 않을까?

최고의 창의적 발상, 그건 바로 내가 아직 떠올리지 않은 발상!

이 세상에 완전히 똑같은 건 없다. 그래서 모든 게 첫 경험이다. 돌멩이 하나만 던져도 세상의 모습은 바뀐다. 고로 누구든 세상을 바꿀 수 있다. 당신의 발상 전환은 비틀비틀 이제 겨우 걸음마를 막 떼었을 뿐이다! 진정한 발상 전환은 이제 비로소 시작이다!

발상 전환을 위한 11가지 팁

1. 독서는 아는 만큼 보이게 도와준다.

2. 상식이란 말에 침을 뱉어라.

3. 답은 결코 하나가 아니다.

4. 내면에 일곱 살 유치원생 한 명을 키워라.

5. 다양한 곳에 똥(여행)을 누라.

6. 동조는 자신을 부정하는 행위다.

7. 위기감과 절실함은 발상 전환의 촉진제다.

8. 물과 바람을 거스르는 삐딱선을 타라.

9. 발상 전환을 위한 기법들을 학습하라.

10. 발상이 막히면 규칙을 바꾸고, 그게 불가하면 규칙을 무시하라.

11. 세상에서 가장 창의적인 사람은 바로 자신임을 생각하라.

CREATIVE THINKING

참고 문헌

김광희(2018), 《창의력을 씹어라》, 넥서스BIZ.

김광희(2018), 《창의력에 미쳐라》, 넥서스BIZ.

김광희(2018), 《누워서 읽는 경영학 원론》(전면 개정2판), 내하출판사.

김광희(2016), 《생각 밖으로 나가라》, 넥서스BIZ.

김광희(2015), 《일본의 창의력만 훔쳐라》, 넥서스BIZ.

김광희(2013), 《미친 발상법》, 넥서스BIZ.

김광희(2013), 《누워서 읽는 경영학 원론》(전면 개정판), 내하출판사.

김광희(2012), 《당신은 경쟁을 아는가》, 넥서스BIZ

김광희(2011), 《창의력은 밥이다》, 넥서스BIZ

김광희(2011), 《누워서 읽는 마케팅원론》, 내하출판사

김광희(2010), 《창의력에 미쳐라》, 넥서스BIZ

김광희(2009), 《미니멈의 법칙》, 토네이도

김광희(2008), 《유쾌한 이야기 경영학》, 내하출판사

김광희(2007), 《부자들의 경영학 카페》, 국일증권경제연구소

김광희(2006), 《유쾌한 팝콘 경쟁학》, 국일증권경제연구소

김광희(2005), 《누워서 읽는 경영학원론》, 내하출판사

김광희(2004), 《상식이란 말에 침을 뱉어라》, 넥서스BIZ

김광희(2004), 《이수일은 심순애를 어떻게 꼬셨나》, 넥서스BOOKS

김광희(2003), 《네 안에 있는 파랑새를 키워라》, 미래와경영

김광희(2003), 《경영학을 씹어야 인생이 달콤하다》, 미래와경영

짐 랜덜/김광희·김대한(2013), 《창의력, 쉽다》, 상상채널

엔도 이사오/손애심·김광희(2008), 《끈질긴 경영》, 국일증권경제연구소

양웅(2013), 《모든 광고는 28개 단어 안에 있다》, 커뮤니케이션북스

박웅현(2013), 《여덟 단어》, 북하우스

박용후(2013), 《관점을 디자인하라》, 프롬북스

이미도(2013), 《똑똑한 식스팩》, 디자인하우스

장박원(2013), 《새판을 짜다》, 행간

임헌갑(2013), 《천년의 신화, 앙코르와트를 가다》, 이가서

마거릿 헤퍼넌/김학영(2013), 《의도적 눈감기》, 푸른숲

얀 칩체이스·사이먼 슈타인하트/야나 마키에이라(2013), 《관찰의 힘》, 위너스북

와타나베 레이코/박유미(2012), 《레오나르도 다 빈치의 식탁》, 시그마북스

다니엘 핑크/김명철(2012), 《새로운 미래가 온다》, 한국경제신문사

전유현(2012), 《잡스처럼 창조하고 구글처럼 경영하라》, 을유문화사

마광수(2011), 《소년 광수의 발상》, 서문당

나심 니콜라스 탈레브/김현구(2011), 《블랙 스완에 대비하라》, 동녘사이언스

빈센트 라이언 루기에로/박중서(2011), 《생각의 완성》, 푸른숲

김상운(2011), 《왓칭》, 정신세계사

김주환(2011), 《회복탄력성》, 위즈덤하우스

마크 폭스/포앤아이컨설팅(2011), 《창조경영 트리즈》, 가산출판사

에두아르도 포터/손민중·김홍래(2011), 《모든 것의 가격》, 김영사

엘렌 랭어/변용란(2011), 《마음의 시계》, 사이언스북스

이상희·문정화(2011), 《내 아이를 위한 창의성》, 아이비하우스

진 랜드럼/김미형(2011), 《열정 능력자》, 들녘

톰 라비/김영선 역(2011), 《어느 책 중독자의 고백》, 돌베개

톰 래스·짐 하터/성기홍(2011), 《웰빙 파인더》, 위너스북

토머스 웨스트/김성훈(2011), 《글자로만 생각하는 사람 이미지로 창조하는 사람》, 지식갤러리

크리스토퍼 차브리스·대니얼 사이먼스/김명철(2011), 《보이지 않는 고릴라》, 김영사

히라오 카즈히로/이상호·최희원(2011), 《건축 디자인 발상법》, 기문당

김남수 외 4인(2010), 《100년 전의 한국사》, 휴머니스트

매트 리들리/조현욱(2010), 《이성적 낙관주의자》, 김영사

신건권(2010), 《디지털혁명시대의 창의성 경영》, 도서출판 청람

알 리스·로라 리스/최기철·이장우(2010), 《경영자 VS 마케터》, 흐름출판

제이콥 부라크/윤미나(2010), 《침팬지도 벤츠를 꿈꾸는가》, 위즈덤하우스

정병태(2010), 《감사의 말 한마디》, 넥스원

지에다오/남혜선(2010), 《유태인의 상술》, 간디서원

이상도(2010), 《半島가 國號인가?》, 경진

김효준(2009), 《창의성의 또 다른 이름 트리즈》, 인피니티북스

나폴레온 힐/안종희(2009), 《나폴레온 힐 부의 비밀》, 비즈니스맵

로버트 W. 와인버그/김미선(2009), 《Creativity(창의성)》, 시그마프레스

로완 깁슨·피터 스카진스키/김태훈(2009), 《핵심에 이르는 혁신》, 비즈니스맵

다카하시 마코토/이근아(2008), 《아이디어 발상 잘하는 법》, 더난출판

앤드류 서터/남상진(2008), 《더 룰(the rule)》, 북스넛

판원치옹/김견(2008), 《지낭의 즐거움》, 도서출판 토파즈

프리더 라욱스만/박원영(2008), 《세상을 바꾼 어리석은 생각들》, 말글빛냄

토니 부잔/부잔코리아(2008), 《생각의 지도 위에서 길을 찾다》, 부잔코리아(주)

최인철(2007), 《프레임》, 21세기북스

로버트 프랭크/안진환(2007), 《이코노믹 씽킹》, 웅진지식하우스

메이너드 솔로몬/김병화(2006), 《루트비히 판 베토벤》, 한길아트

히스이 고타로/서인행(2006), 《3초 만에 행복해지는 명언 테라피》, 나무한그루

문정화·하종덕(2005), 《또 하나의 교육 창의성》, 학지사

데니스 브라이언/송영조(2004), 《아인슈타인 평전》, 북폴리오

마이클 미칼코/박종안(2003), 《창의적 자유인》, 푸른솔

박영태(2002), 《창의성의 별》, 학지사

이희영(2001), 《탈무드 황금률 방법》, 동서문화사

마이클 미칼코/박종안(2001), 《아무도 생각하지 못하는 것 생각하기》, 푸른솔

래리 다운즈/이기문(1999), 《킬러 애플리케이션》, 국일증권경제연구소

Jill Zarin, Lisa Wexler, Gloria Kamen(2010), "Secrets of a Jewish Mother : Real Advice, Real Stories, Real Love", SJM Book

Jim Randel(2010), "The Skinny on Creativity : Thinking Outside the Box", Rand Media Co

Paul Sloane(2010), "How to be a Brilliant Thinker : Exercise Your Mind and Find Creative Solutions", Kogan Page

Srikumar S. Rao(2010), "Happiness at Work : Be Resilient, Motivated, and Successful - No Matter What", McGraw-Hill

Javy W. Galindo(2009), "The Power of Thinking Differently : An imaginative guide to creativity, change, and the discovery of new ideas.", Hyena Press

Paul Sloane(2003), "The Leader's Guide to Lateral Thinking Skills : Unlocking the Creativity and Innovation in You and Your Team", Kogan Page

Roger Von Oech(2002), "Expect the Unexpected(or You Won't Find It : A Creativity Tool Based on the Ancient Wisdom of Heraclitus", Berrett-Koehler Publishers

Phillip C. McGraw(2000), "Life Strategies : Doing What Works, Doing What Matters", Hyperion

Jordan E. Ayan(1997), "Aha! 10 Ways to Free Your Creative Spirit and Find Your Great Ideas", Three Rivers Press

Edward De Bono(1985), 《New Think》, Avon Books

小川仁志(2013), 《一瞬で100のアイデアがわき, 一瞬で1000人の心がつかめる本》, 幻冬舎

前田信弘(2011), 《知識ゼロからのビジネス論語》, 幻冬

木村尚義(2011), 《ずるい考え方 - ゼロから始めるラテラルシンキング入門》, あさ出版

酒井穣(2010), 《これからの思考の教科書》, ビジネス社

日本經濟新聞社, 《日經ビジネス》, 각 호

일간 신문(〈조선일보〉, 〈동아일보〉, 〈중앙일보〉, 〈매일경제〉, 〈한국경제〉, 〈한겨레〉 등)

월간 잡지 《Tomorrow》

각종 포털 사이트 (google.com, naver.com, daum.net, yahoo.co.jp 등)

위키백과

CREATIVE

THINKING